Gewidmet meinem Enkel Taro

Zur Autorin

Christa Wirth, Jahrgang 50, lebt zusammen mit Ihrem Ehemann in einem alten Fachwerkhaus am Stadtrand von Solingen.

In den ganz gewöhnlichen Geschichten sind Weisheiten fürs Leben verpackt, die nicht nur Kindern sondern auch Erwachsenen viel Spaß beim Lesen bereiten. Die Geschichten sollen daran erinnern, auch im Alltag nicht zu vergessen, was die wirklich wichtigen Dinge im Leben sind. Die Charaktere sind inspiriert von Menschen, die ihr nahe stehen.

Illustriert von Michaela Bischoff

Bibliografische Information der Deutschen
Nationalbibliothek: Die Deutsche
Nationalbibliothek verzeichnet diese Publikation in
der Deutschen Nationalbibliografie; detaillierte
bibliografische Daten sind im Internet über
dnb.dnb.de abrufbar.

Herstellung und Verlag: BoD - Books on Demand,
Norderstedt

ISBN 978-3-7519-0208-3

INHALT

Das rote Auto

Es war einmal ein kleiner Junge. Er hieß Alexander. Nein, eigentlich war er nicht mehr so klein. Er war schon fünf Jahre alt und ging in den Kindergarten. Er lebte in einem kleinen Dorf in Russland. Da ist es im Winter immer sehr kalt, und viele Leute tragen dann Fellmützen und ganz dicke warme Handschuhe. Alexander lebte alleine mit seiner Mutter Svenja in einer kleinen Zweizimmerwohnung. Er hatte ein Zimmer ganz für sich alleine. Im Zimmer seiner Mutter war auch die kleine Küche.

Manchmal, wenn er abends nicht einschlafen konnte, hörte er, wie seine Mutter in ihrem Zimmer noch russische Volkslieder sang. Manchmal waren sie traurig und manchmal fröhlich. Wenn sie fröhlich waren, konnte er immer besser einschlafen.

An einem Abend im Advent, also kurz vor Weihnachten, hatte ihm seine Mutter eine seltsame Geschichte vorgelesen. Sie handelte von Dingen, die man nicht sehen kann, zum Beispiel vom Wind, von der Liebe und von Freundschaft. Die Liebe, so hatte ihm seine Mutter erklärt, war das Wichtigste von all den Sachen, die man nicht sehen kann.

Am nächsten Morgen sprachen sie beim Frühstück über Weihnachten. Svenja erklärte Alexander, warum überhaupt Weihnachten gefeiert wird. Sie erzählte ihm, dass da vor vielen, vielen Jahren ein ganz besonderer Mensch geboren wurde, der immer alle und alles ganz lieb hatte. Das wusste Alexander bereits. „Und deshalb schenken wir uns alle an Weihnachten etwas, weil wir uns auch ganz lieb haben", sagte er. „Ich wünsche mir ein Auto, ein rotes Auto, und ganz groß soll es sein, und am besten noch ferngesteuert, und viel Platz soll drin sein, und…" „Ja, ich weiß," lachte seine Mutter, „am besten so groß, dass wir zwei da hineinpassen. Doch du weißt ja, dass so ein Auto sehr teuer ist und wir nicht so viel Geld haben. Doch lass Dich überraschen."

Den Weihnachtsabend konnte Alexander kaum abwarten. Ob er ein Auto bekommen würde? Endlich durfte er sein Geschenk auspacken. Es war ein ganz kleines rotes Auto darin, und er war sehr enttäuscht, er hätte doch gerne ein viel größeres gehabt. „Schade, aber das ist auch schön", meinte er.

„Ich will Dir erzählen, wie es dazu kam", sagte sein Mutter. „Ich habe lange gespart, und endlich konnte ich Dir in der Stadt ein schönes großes ferngesteuertes Auto kaufen. Ich habe es in blaues Papier einpacken lassen und oben auf meine Einkauftasche gelegt. Ich hatte schon viel eingekauft und war sehr müde. Ich ging zur Bushaltestelle, und als ich dort ankam, merkte ich, dass das blaue Paket weg war, einfach weg, ich hatte es verloren. Du kannst Dir vorstellen, dass ich traurig war und erst einmal versucht habe, es wieder zu finden. Den ganzen Weg bin ich zurück gelaufen und habe es gesucht. Und plötzlich sah ich es: Ein kleiner Junge von etwa vier Jahren hatte es gefunden und schon ausgepackt. Er saß auf dem Bürgersteig, hielt es in den Händen, und er strahlte. ‚Ist das für mich?‘, fragte er seine Mutter, die direkt daneben stand. Genau in dem Moment kam ich dazu und wollte das Auto eigentlich an mich nehmen, doch irgendwas in mir hielt mich zurück. Ich nickte seiner Mutter zu: „Er soll es behalten", sagte ich. Kurz bevor ich mich umdrehte, um wieder zur Bushaltestelle zu gehen, sah ich noch, wie Freudentränen über sein Gesicht liefen."

Alexander schwieg eine Weile, als er hörte, was mit „seinem" Auto passiert war. „Und dann habe ich Dir wenigstens dieses kleine Auto gekauft", ergänzte Svenja noch, „damit Du nicht ganz enttäuscht bist. Mehr Geld hatte ich leider nicht." Alexander kletterte seiner Mutter auf den Schoß. „Ich bin jetzt nicht mehr so traurig", sagte er, „und ich glaube, ich habe jetzt verstanden, wie das ist mit den Dingen, die man nicht sehen kann, jedenfalls habe ich Dich ganz doll lieb."

Und am Weihnachtsabend hatten die beiden noch viel Spaß mit dem ganz kleinen roten Auto, und als Alexander ins Bett ging, hörte er seine Mutter wieder fröhliche Lieder singen. Sie hatte ihn auch ganz doll lieb, das wusste er jetzt wieder ganz genau.

Frohe Weihnachten.

Warteschlangen sind gar nicht doof

Svenja ging mit Alexander, ihrem Sohn von fünf Jahren, wieder einmal einkaufen. In einem großen Supermarkt hatten sie einen Einkaufswagen ganz voll geladen mit Lebensmitteln, Blumenkohl und Milch, Butter und Käse, Kartoffeln und Äpfeln, Nüssen und Zwiebeln, Joghurt und Keksen und noch viel mehr. Endlich schob Alexander den Einkaufswagen zur Kasse. Eigentlich ging er gerne mit seiner Mutter einkaufen, aber heute war er sehr müde. Und an der Kasse warteten noch fünf Leute mit ihren Einkaufswagen vor ihnen. Das sah aus wie eine lange Schlange. „Oh, eine Warteschlange", sagte Svenja. „Ja, leider", sagte Alexander, „Warteschlangen finde ich doof." „Sind sie aber nicht", widersprach Svenja, „sie sind eine Zeit für das Spiel der Wünsche."

„Spiel der Wünsche?", fragte Alexander, „was ist denn das?? Das kenne ich nicht." „Das ist ein Spiel, ganz ohne Spielsachen. Man kann es sogar ganz alleine spielen", antwortete Svenja. „Aber jetzt

spielen wir zwei es mal zusammen. Das geht so: Wir schauen uns die Menschen an, die vor uns in der Warteschlange stehen, überlegen uns, was sie brauchen könnten, und dann wünschen wir es ihnen." „Und das macht Spaß?", fragte Alexander ungläubig. „Aber ja doch", lachte seine Mutter, „komm, wir probieren es mal. Siehst Du den Mann dort, der gerade an der Kasse ist, er braucht einen Stock zum Gehen." „Da wünsch ich ihm gesunde Beine", legte Alexander sofort los. „Und die Frau hinter ihm mit dem kleinen Mädchen, das immer so auf und ab hüpft?" „Sie braucht viel Platz zum Spielen und Hüpfekästchen und Spielkameraden und…", „und ihre Mutter gute Nerven", ergänzte Svenja. „Und jetzt die Frau mit dem traurigen Gesicht", fragte Alexander, „was braucht die?" „Ihr wünsche ich, dass sie bald einen Menschen trifft, den sie lieb hat und der sie in den Arm nimmt", sagte Svenja. „Dann ist sie bestimmt wieder froh", meinte Alexander. „Und der Mann gleich vor uns, der mit der dicken Brille?" „Dem wünsche ich gute Augen" sagte Alexander, „oder, dass er alles sieht, was für ihn wichtig ist", meinte Svenja.

Inzwischen waren Svenja und Alexander an der Kasse angekommen. „Und was wünscht Du mir?" fragte die Kassiererin, die das Spiel mitbekommen hatte. „Ganz viel zu essen zu Hause, was Leckeres", sagte Alexander. „Das wünsche ich Dir auch", lachte die Kassiererin, „und noch viel Spaß bei Eurem Spiel."

Als sie den Supermarkt verließen, meinte Alexander: "Die Zeit an der Kasse ist ja ganz schnell umgegangen, und es war gar nicht langweilig, das Spiel will ich noch oft spielen." Svenja musste noch zur Sparkasse, um Geld abzuholen. An einer Kasse warteten drei Leute, an der anderen fünf. Alexander zog seine Mutter zu der Kasse mit den fünf Leuten davor. "Mehr Zeit für unser Spiel", meinte er. Und sofort ging es los. Als sie die Sparkasse verließen, hatte Alexander ganz fremden Leuten einen neuen Mantel gewünscht, einem Kind eine freundliche Mutter, einer Frau neue Schuhe. Svenja hatte einer Frau viel Geduld gewünscht, einem Kind Zärtlichkeit, einer alten Frau einen lieben Besuch und einem Ehepaar Frieden.

„Nach diesem Spiel habe ich ein ganz seltsames Kribbeln im Bauch", sagte Alexander. „Das habe ich auch manchmal", antwortete seine Mutter. „Ich glaube, es kommt daher, dass man nicht für sich selbst, sondern anderen Leuten was wünscht, da entsteht eine Art Strom, und der macht das Kribbeln." „Ja, irgendwie ist es ein angenehmes Kribbeln", meinte Alexander.

„Ich muss Dir die Spielregeln noch genau erklären, wenn wir zu Hause sind", sagte Svenja. Das konnte Alexander kaum abwarten. Endlich war es soweit.

„Dieses Spiel", erklärte Svenja „wird immer leise gespielt." „So, dass es keiner hören kann?" fragte Alexander. „Ja, genau, weil die Menschen nicht möchten, dass jemand über sie spricht. Und weil es einfach nicht in Ordnung ist, zu sagen, was einem Menschen vielleicht fehlt oder er noch gebrauchen könnte. Schließlich sehen wir ihn ja nur kurze Zeit, und wir können uns irren." „Also kann mein Wusch für ihn auch falsch sein?" fragte Alexander. „Falsch ist er nicht, wenn er wirklich aus Deinem Herzen kommt", erklärte Svenja." Wie mach ich denn das?" wollte Alexander wissen."

„Ganz einfach, Du hast die Idee für einen Wunsch, das muss natürlich was richtig Gutes sein, und dann stellst Du Dir vor, diesen

Wunsch in Dein Herz zu nehmen und von da aus zu senden, ich mach dabei immer die Augen kurz zu, das geht besser. „Mama, du hast eben ‚senden' gesagt", fragte Alexander, „sind wir dann so was, ich meine so ähnlich wie ein Radio- oder Fernsehsender, ein Gute-Wünsche-Sender?"

„Ja, jetzt hast Du das Spiel verstanden", freute sich Svenja. „Und die Menschen, die ihre Antenne auf „Empfang" drehen, können die guten Wünsche empfangen." „ Gibt es denn noch mehr Gute-Wünsche-Sender auf der Welt?" wollte Alexander wissen. "Ja, ich glaube, es gibt immer mehr davon", Svenja war da ganz sicher. „Du kannst es ausprobieren. Wenn Du still wirst und in Dein Herz horchst, wirst du vielleicht auch mal Wünsche von anderen empfangen." „Das ist ja spannend."

Alexander hatte an diesem Tag viel Neues erfahren. Und er nahm sich vor, immer, wenn er Zeit hatte und ganz besonders, wenn er irgendwo warten musste, an seinem Gute-Wünsche-Sender in seinem Herzen zu bauen.

Bald brauchte er dazu keine Warteschlangen mehr, sondern er konnte sich Menschen einfach so vorstellen, und er erfand Hunderte von guten Dingen, Gefühlen, Kontakten, die sie brauchen konnten und schickte sie los. Und dabei bekam er immer mehr Spaß an dem seltsamen Kribbeln im Bauch. Meistens schickte er jetzt seine Wünsche alleine los, doch manchmal, bei besonders großen und wichtigen Wünschen schickte er sie zusammen mit seiner Mutter los. Sie fassten sich dabei an den Händen, machten die Augen zu, dachten an den Wunsch in ihrem Herzen, und los ging der Wunsch. Dann fühlte Alexander sogar das Kribbeln in seiner Hand, die in der Hand seiner Mutter lag, und dann wurde ihm ganz warm ums Herz.

Das Leuchtmädchen

„Mama, Mama, ich habe ein Leuchtmädchen gesehen, gerade eben bei Tante Nadja war es, aber nur ganz kurz, ich will ihm einen Brief schreiben." Alexander kam ganz atemlos die Treppe rauf zu seiner Mutter.

„Ein Leuchtmädchen?" fragte seine Mutter ungläubig, „was soll denn das sein? Nun erklär mir das mal in Ruhe. Aber zieh Dir zuerst die Jacke aus und die Schuhe. Ich habe gerade geputzt."

Alexander hatte den Nachmittag bei seiner Tante Nadja verbracht, sie hatten es sich im Wohnzimmer gemütlich gemacht, eine Kerze angezündet, Kekse gegessen und Tee getrunken. Dann hatte seine Tante diesen kleinen dunklen Kasten angemacht. "Das ist ein Fernseher" hatte sie ihm erklärt, "damit kann man in die Ferne sehen." „Wie mit einem Fernglas?" wollte Alexander wissen, er hatte noch nie einen Fernseher gesehen. Zu Hause hatten er und seine Mutter keinen. „Noch viel weiter" erklärte ihm seine Tante, sogar in ferne Länder". Alexander staunte, er sah fremde Landschaften, viele Menschen auf einmal und sogar Flugzeuge.

Und dann geschah es. Plötzlich sah er das leuchtende Mädchen. Es saß in einer kleinen Hütte und trug einen kaputten Rock, keine Strümpfe und Schuhe, ein viel zu großes Hemd und lange dunkle Haare. Und ihr Gesicht, es leuchtete , ja, es strahlte nicht nur, es leuchtete, ganz klar. Alexander war ganz hin- und her gerissen, „schau mal, Tante Nadja, das Mädchen leuchtet." Er wurde ganz aufgeregt, so etwas hatte er noch nie gesehen. „Wo?" Seine Tante sah ihn ratlos an, „was meinst Du?" „Da, das Mädchen im Fernseher, es leuchtet", und Alexander zeigte es ihr, da war es auch schon verschwunden, andere Hütten tauchten auf, Wälder, Felder, nur nicht mehr das leuchtende Mädchen. „Ich habe kein leuchtendes Mädchen gesehen" sagte seine Tante. „Ich aber wohl" beharrte Alexander.

„Vielleicht hat sich die Kerze im Fernseher gespiegelt, und gerade, als das Mädchen gezeigt wurde, war das Licht in ihrem Kopf", versuchte seine Tante es ihm zu erklären. Doch Alexander wollte das nicht glauben.

„Ich habe wirklich ein leuchtendes Mädchen gesehen" erklärte er seiner Mutter. „Glaubst Du mir das?" Seine Mutter Svenja stutzte und meinte: „Darüber muss ich nachdenken." Sie schwieg eine Weile und machte sogar mal die Augen zu. Alexander wurde schon ganz ungeduldig. „Was ist? Glaubst Du es mir oder nicht? Endlich machte sie die Augen wieder auf und lächelte: „Ja. ich glaube Dir. Es gibt Menschen, die leuchten können."

„Und warum hat Tante Nadja mir nicht geglaubt?" wollte Alexander wissen. „Nicht alle Menschen können so ein Leuchten sehen", erklärte Svenja." „Aber ich habe es gesehen, und jetzt will ich ihr schreiben, und weil ich das noch nicht kann, will ich Dir den Brief diktieren. „In Ordnung", sagte Svenja, „dann geht' s jetzt los. Wo wohnt denn das Mädchen? Wir brauchen ja eine Adresse. „In einem Land mit I, mehr weiß ich nicht mehr", musste Alexander zugeben. „Oh, da gibt es viele Länder, z.B. Italien oder Irland, oder Irak oder Indien oder Iran oder Indonesien", erzählte seine Mutter. Oh je, das konnte schwierig werden.

„Ich hab die Lösung", rief Alexander plötzlich. „Wir schreiben einfach an alle Länder mit I." „Gute Idee", meinte seine Mutter, „dann geht es jetzt los, was soll ich schreiben?"

Und Alexander begann den Brief:

An alle Länder mit I !
Liebe Regierungen aller Länder mit I,
irgendwo in Eurem Land gibt es ein Mädchen, das leuchtet, bitte schaut
in jedes Kindergesicht, ob es leuchtet und gebt meinen Brief weiter:

Liebes Leuchtmädchen, ich weiß Deinen Namen nicht, also nenne ich
Dich Leuchtmädchen. Du warst vor kurzem zu Gast bei Tante Nadja,
komm doch bald wieder in den Kasten, den man Fernseher nennt, damit
alle Menschen, die Dich noch nicht haben leuchten sehen, es endlich
sehen können. Mir glaubt nämlich nur meine Mutter, dass Du leuchtest.
Bis bald,
Dein Alexander.

„Und wenn Du keine Antwort bekommst?" fragte Svenja, „und das
Leuchtmädchen auch nie wieder in den Kasten kommt?"
„Dann weiß ich doch, dass es Menschen gibt, die leuchten können,
und ich werde bestimmt noch mehr finden, und irgendwann wird
Tante Nadja mir glauben müssen." Da war sich Alexander ganz
sicher.

Die verschwundene Puppe

An einem kalten Winternachmittag wollten es sich Alexander und seine Mutter Svenja mal wieder so richtig gemütlich machen. Sie zündeten eine Kerze an, kochten einen leckeren Tee, und Alexander kletterte auf den Hocker, um an die große bunte Dose zu kommen, in der immer die leckeren Schokoladenkekse aufbewahrt wurden. Er öffnete die Dose, doch zu seiner großen Enttäuschung war sie leer. „Schade", sagte er, die Kekse sind alle." Oh, ja", antwortete Svenja, „dann kannst Du morgen welche mitbringen, wenn Du zum Bäcker gehst. Für heute haben wir noch Knäckebrot. Magst Du eins mit Honig?" Alexander war einverstanden, obwohl die Kekse ja viel, viel besser schmeckten. Bei solchen Gelegenheiten sagte Svenja immer: Es gibt Wichtigeres im Leben. Doch waren Schokokekse vielleicht nicht wichtig?

„Erzähl mir doch bitte wieder von den vielen Dingen, die man nicht sehen kann", bat er seine Mutter. „Okay" meinte sie „dann erzähle ich Dir heute vom Wind." „Wind kann ich sehen", widersprach Alexander," ach nein, doch nicht, aber ich kann ihn spüren." „Genau", fuhr seine Mutter fort, „Du kannst spüren, ob er stark oder schwach ist, ob er ein Geräusch macht, oder ob er leise ist. Er ist nicht zu sehen, und doch kann er viel bewegen, denke mal an die Blätter, die er von den Bäumen weht", „und die Hüte von den Köpfen der Leute", ergänzte Alexander. Und so erzählten sich die beiden noch den ganzen Nachmittag vom Wind, von den Wellen, die er auf dem Meer macht, von den Vögeln, die er schneller fliegen lässt, und von der Freude, die er schenkt, wenn er beim Fahrradfahren in den Rücken bläst. Nach diesem gemütlichen Nachmittag konnte Alexander besonders gut einschlafen. Er träumte noch von wehenden Fahnen und vom Gezwitscher der Vögel, das der Wind in sein Zimmer trug.

„Gehört der Wind zu den wichtigen Dingen im Leben?" wollte

Alexander am nächsten Morgen von seiner Mutter wissen." Aber ja doch", antwortete Svenja," aber das Allerwichtigste ist natürlich die Liebe", sagte sie. „Die kann man auch nicht sehen, nur spüren" ergänzte Alexander.

An diesem Morgen durfte Alexander alleine zum Bäcker gehen, wie jeden Samstag. Seine Mutter gab ihm Geld und einen Leinenbeutel für das Brot und die Kekse mit.
Als er das Haus kaum verlassen hatte, sah er auf einmal ein kleines Mädchen am Straßenrand sitzen. Es hatte den dunklen Wollmantel ganz eng um den kleinen Körper geschlungen und das Gesicht hinter den Händen versteckt. Als Alexander näher kam, bemerkte er, dass das Mädchen weinte. Er blieb stehen und wusste nicht, was er machen sollte.

Er merkte nur, dass er auch ein kleines bisschen traurig wurde. Da beschloss er, sich einfach neben sie zu setzen. „Ich heiße Alexander" sagte er, „und Du?" Das Mädchen antwortete nicht, sondern schluchzte weiter.
„Wenn ich Dich so weinen sehe" sagte Alexander „werde ich auch ein bisschen traurig". Das Mädchen sagte immer noch nichts, holte

aber ein Taschentuch aus der Manteltasche und putzte sich die Nase. Und dann brach es aus ihr heraus: „Meine Puppe ist weg, einfach weg, seit gestern auf dem Rummelplatz, da hab ich sie irgendwie verloren. Anna heißt sie, ich habe so laut nach ihr gerufen, aber sie hat mich nicht gehört, und ich hab sie nicht wieder gefunden."

Jetzt konnte Alexander endlich verstehen, warum das Mädchen so weinte. Ihre Puppe war weg. Am liebsten hätte er ihr eine neue geschenkt, aber nein, das war ja nicht Anna, die sie so lieb hatte. „Du hast Anna ganz doll lieb oder?" fragte Alexander. „Aber ja doch", weinte das Mädchen, „wir waren doch immer zusammen, schon ganz lange". „Vielleicht wollte Anna mal verreisen", sagte Alexander, „warst Du nicht auch schon mal im Urlaub?" „Ich war schon mal an einem großen Wasser mit ganz viel Sand", berichtete das Mädchen, "da wollte ich am liebsten gar nicht wieder weg." „Vielleicht geht es Deiner Puppe genauso, sie wollte mal Urlaub machen, und jetzt will sie einfach nicht wieder weg." „Meinst Du" fragte das Mädchen, „aber ohne mich? Das kann ich nicht glauben". „Ich weiß es nicht", sagte Alexander, "vielleicht hat sie auch ein anderes Kind gefunden und gewinnt sie genauso lieb wie Du."

Jetzt hatte das Mädchen mit dem Weinen aufgehört. „Und weißt Du, was Du machen kannst?" Alexander hatte plötzlich eine Idee. "Du kannst Deiner Puppe eine Botschaft schicken mit dem Wind, denn der kommt überall hin." „Und wie mache ich das?" wollte das Mädchen wissen. "Ganz einfach" sagte Alexander. „Du sagst Anna noch mal, wie lieb Du sie hast und vertraust diese Nachricht dem Wind an, der sie zu ihr trägt." Das Mädchen hatte aufmerksam zugehört. "Das will ich sofort tun", sagte sie. Sie schloss die Augen und befolgte Alexanders Rat.

„Hast Du zu Hause noch eine Puppe?" fragte Alexander. „Nein, nur noch einen Hasen" berichtete das Mädchen. „Hast Du den auch lieb?" fragte Alexander. „Ich habe ihn lange nicht beachtet", sagte das Mädchen ein wenig verlegen. "Ich habe lieber mit Anna gespielt".

„Du kannst ihm zu Hause ja die ganze Geschichte erzählen", schlug Alexander vor, „ich bin sicher, er versteht Dich und will sofort in Deinen Arm."

„Dann will ich schnell zu ihm gehen", sagte das Mädchen und stand auf, „und danke!", sagte sie noch hastig und eilte davon. Alexander sah ihr noch lange nach.

Vom Bäcker kam er jetzt viel später zurück nach Hause als sonst. "Was war denn los"? wollte seine Mutter wissen. „Manchmal gibt es wichtigere Dinge im Leben als Brot und Schokokekse", grinste er nur.

Da mussten sie beide lachen, und Alexander erzählte die Geschichte von der verlorenen Puppe.

Leila

„Warum bist Du so traurig, Tante Nadja?" wollte Alexander wissen. Er verbrachte wieder einmal einen Nachmittag bei seiner Tante. Sie hatten ein Würfelspiel gespielt. Doch Tante Nadja freute sich gar nicht, obwohl sie doch gewonnen hatte. Irgendwie war seine Tante heute ein bisschen anders als sonst. Alexander spürte das genau.

„Ach, das verstehst Du noch nicht", versuchte sie auszuweichen.
„Ich glaube, vielleicht aber doch," beharrte Alexander.
„Nun gut, ich will versuchen, es Dir zu erklären", lenkte seine Tante ein.
„Ich habe Dir doch mal erzählt, dass ich vormittags in einem Heim für Behinderte arbeite, nicht wahr?" „ Klar doch", Alexander wusste Bescheid.
„Mit Leuten ohne Arme oder Beine, denen Du helfen musst, oder?"
„Ja, so ähnlich", meinte Tante Nadja. „Es gibt aber auch andere Arten von Behinderungen. Seit heute ist ein Mädchen, Leila heißt sie, bei uns, die nicht sehen und nicht hören kann, sie ist also blind und taub, und ich weiß nicht, was ich mit ihr machen kann, ich bekomme keinen Kontakt zu ihr."

„Nicht sehen und nicht hören kann sie, gar nichts?" Alexander staunte, von so was hatte er noch nie gehört. „Dann weint sie doch sicher ganz doll?" Er wollte es jetzt genau wissen. „Nein, das tut sie nicht, sie hat noch nie sehen oder hören können. So weiß sie gar nicht, was das ist, "erklärte Tante Nadja. „Leila sitzt nur da und will gar nicht essen heute, doch vielleicht hat sie sich morgen schon eingewöhnt und hat wieder Hunger."
„Darf ich mal mitkommen ins Heim und sie sehen?" Alexander war jetzt neugierig geworden. „Das musst Du Deine Mutter fragen. Von mir aus wäre es am nächsten Samstag möglich."

Kaum zu Hause angekommen, fragte er seine Mutter: "Darf ich am

Samstag mit Tante Nadja zu ihrer Arbeit gehen? Da ist ein Mädchen, das kann nicht sehen und nicht hören."

„Und das hast Du noch nicht gesehen, nicht wahr? Damit bin ich nicht einverstanden. Nein, Du darfst nicht dahin." Alexander war verdutzt, erlaubte seine Mutter ihm doch sonst recht viel. „Warum nicht? Ich will aber." Alexander wurde fast ein bisschen trotzig. „Überleg doch mal, warum Du dahin willst", erklärte sie. „Weil ich neugierig bin", sagte Alexander prompt. „Genau, das dachte ich mir", sagte seine Mutter. „Und das reicht mir nicht. So ein Mensch, der nicht sieht und hört, lebt in seiner eigenen Welt. Es ist hauptsächlich die Innere Welt, und diese Welt kennst Du nicht." „Hm." Alexander wurde nachdenklich. "In einer anderen Welt, sagst Du, was ist diese andere Welt, kann ich sie kennen lernen?"

„Wenn Du wirklich willst, kannst Du das" sagte seine Mutter. Dabei helfe ich Dir, aber nur, wenn Du wirklich willst, denn dazu braucht man Mut."
„Den hab ich doch", meinte Alexander. „Wie geht das denn, wie kann ich denn diese andere Welt kennen lernen?", jetzt wollte er mehr wissen.

„Es gibt eine Äußere Welt" begann seine Mutter zu erklären, „die befindet sich außerhalb von Dir, und dann gibt es eine Innere Welt, die befindet sich in Dir. Diese Innere Welt kannst Du nur kennen lernen, wenn Du still bist und die Augen zumachst." „So, wie Du es schon mal machst vor dem Essen?" wollte Alexander wissen. „Ja", antwortete Svenja, „da bedanke ich mich innerlich für das Essen." „Du meinst", fragte Alexander, „man kann also in dieser Inneren Welt sprechen?" „Nicht nur das", ergänzte seine Mutter, „man kann auch hören und sehen." „Hören und Sehen? Ohne Augen und Ohren auf?" Alexander konnte das kaum glauben. Dann fiel ihm etwas ein. "Ist das so wie beim Träumen?" „Ja, so ähnlich", nickte Svenja. „Und wenn Du willst, helfe ich Dir, es am Sonntag mal auszuprobieren. Doch jetzt gehen wir erst mal schlafen."

Alexander konnte zuerst gar nicht einschlafen. Noch lange dachte er an Leila und ihre Welt. Wie mochte sie sein, Leilas Welt? Den Sonntag konnte er kaum abwarten. Was hatte seine Mutter vor, wie konnte er diese Innere Welt kennen lernen?

Endlich war Sonntag. Seine Mutter fragte ihn, ob er noch mutig sei. Klar war er das. „Dann machen wir heute eine dunkle Stunde", erklärte sie. „Ich werde Dir die Augen verbinden, so dass Du nichts sehen kannst." „Gar nichts?" wollte Alexander wissen. „Nichts, genau wie Leila."

So verband Svenja also Alexanders Augen mit einem dunklen Tuch, bis er wirklich nichts mehr sah. Als sie ihn losließ, wurde er zuerst doch ein bisschen unsicher. Wo war sie denn jetzt? Er strengte sich an, es zu hören. Ach ja, sie war im Flur, an der Garderobe. "Lass uns einen Spaziergang machen draußen," rief sie. Alexander war einverstanden, sie hatte anscheinend seine Jacke geholt, denn er spürte plötzlich, wie sie ihm beim Anziehen half. „Das kann ich doch alleine", meinte er, aber mit dem Reißverschluss dauerte es doch ohne Hinsehen sehr lange. Endlich war er soweit und tastete sich zur Tür, sie fühlte sich innen wärmer an als außen. Das war ihm noch nie aufgefallen. Bei den Stufen musste ihm Svenja helfen. Er wurde ganz ungeduldig. Alles dauerte eine halbe Ewigkeit. Jetzt fühlte er Gras unter den Schuhen, dann Asphalt, jedenfalls was Hartes.

„Wo gehen wir hin?" wollte er wissen. „In den Wald", antwortete seine Mutter. Sie nahm ihn an die Hand. Wie sollte er auch sonst den Weg finden? Und wieder dachte er an Leila, ob sie auch jemanden hatte, der sie an die Hand nahm?

In dieser Stunde machte Alexander Erfahrungen, die ganz neu waren. Er hörte alles viel stärker als sonst, die Vögel, die Eisenbahn in der Ferne, das Rauschen des Windes in den Bäumen. Er streckte auch oft seine freie Hand aus, um sicher zu sein, dass er nicht irgendwo anstieß. Einmal verlor er die Hand seiner Mutter, und er schrie kurz auf. Da hatte er sie auch schon wieder ergriffen. Alleine wäre es ihm auch zu unheimlich gewesen. Endlich waren sie wieder zu Hause. Das Essen fiel ihm schwer, immer wieder musste er tasten, wo der Teller war, und die Tasse hätte er zweimal beinahe umgeworfen. Als er endlich wieder in seinem Zimmer war, war er ganz erschöpft. Nun wusste er auch nicht, womit er spielen sollte. Schließlich suchte und fand er seine Flöte und spielte so lange darauf wie noch nie. Er stellte sich vor, Leila könnte jetzt hier sein, aber sie konnte ja auch nicht hören. Endlich war die Stunde um, und seine Mutter befreite ihn von dem dunklen Tuch. Er blinzelte erst ein wenig und war froh, wieder sehen zu können.

„Jetzt kommt die stille Stunde", erklärte Svenja, „Ich habe im Keller noch große Ohrenschützer gefunden, die habe ich noch mit Watte ausgestopft, und jetzt sind sie ganz dicht. Du kannst sie jetzt tragen und hörst eine Stunde lang nichts, willst Du?"

Alexander dachte an Leila und beeilte sich, zuzustimmen. Svenja setzte ihm diese Ohrenschützer auf und sagte wohl noch was. Aber er hörte nichts mehr. Wieder gingen sie hinaus. Dieses Mal fühlte er sich nicht so hilflos, konnte er doch alles sehen. Er sah, wie Leute sprachen, wie sich ihre Münder bewegten, wie ein Hund bellte, doch er hörte nichts. Er merkte, wie er überall viel mehr hinsah als sonst, und er vermisste das Gezwitscher der Vögel, das Rauschen des Windes in den Bäumen und überhaupt jegliche Unterhaltung mit seiner Mutter. Am Anfang hatte er noch einiges gesagt, doch da er keine Antwort hörte, machte ihm das bald keinen Spaß mehr, und er hörte auf zu sprechen. Wieder zu Hause sah er seine Mutter das Radio einschalten, er sah, wie sie telefonierte, und anscheinend lachte sie sogar, schade, dass er es nicht hörte.

Endlich war die stille Stunde um. „Darf ich jetzt Leila besuchen?" fragte Alexander. „Oh, nein, jetzt kommt die dunkle und die stille Stunde gleichzeitig. Hast Du noch Mut?" Alexander kam sich nun doch nicht mehr ganz so mutig vor. „So wie Leila immer?" „Ja, so wie Leila immer", antwortete Svenja. Schon verband sie ihm die Augen und setzte ihm die großen Ohrenschützer auf. Dieses Mal sollte er alleine in seinem Kinderzimmer bleiben. Nur wenn er Angst hätte, sollte er seine Mutter rufen.

Jetzt saß er da, und wusste zuerst nicht, was er machen sollte. Er fühlte nach seinen Spielsachen. Er fand ein Bilderbuch, das war jetzt nutzlos. Er fand seine Flöte, damit konnte er auch nichts anfangen, endlich ertastete er seine Bauklötze und fing an zu bauen. Doch schon bald hörte er damit wieder auf. Er konnte ja nicht sehen, was er gebaut hatte. Schließlich saß er nur noch ganz still da und wusste nicht mehr, was er machen sollte.

Da erinnerte er sich, wie seine Mutter von der Inneren Welt gesprochen hatte, und er horchte in sich hinein, doch er hörte keine Stimme. Nach einer Weile erinnerte er sich an die Ferien und sah innerlich noch einmal die großen Sandburgen, die er gebaut hatte. Und dann dachte er ans Abendessen, ob es wohl Nudeln gab? Gerne hätte er schnell mal nachgesehen. Dann roch er ganz deutlich den Duft von Gewürztee. War das nun Einbildung oder echt? Träumte er, oder was war das? Er spürte auch plötzlich Wärme, so als ob die Sonne in sein Zimmer scheinen würde. Konnte das sein? Dann griff er nach seinem Hasen. Er wusste, dass er im Bett zu finden war, und mit dem Hasen im Arm hatte er Geduld, bis Svenja kam, die Stunde war um.

„Gibt es Gewürztee?" war seine erste Frage. "Ja" antwortete Svenja, „das hast Du ja gut gerochen. Wie ging es Dir?" „ Na ja, ganz gut, zumindest, als ich an die Ferien gedacht habe und mich aufs Essen gefreut habe", gestand Alexander, „sonst nicht so richtig gut."

„Dann wollen wir auch zuerst mal essen", sagte Svenja. „Und dann erklär mir das bitte noch mal mit der Inneren Welt, Mama! Das habe ich noch nicht ganz verstanden", bat Alexander. „Gut, nach dem Essen", versprach Svenja.

Endlich war es soweit. „Die Innere Welt lernst Du kennen, wenn Du mal Pause machst mit dem Schauen und dem Hören nach außen. Damit haben wir heute mal ein wenig angefangen. Zuerst merkst Du, dass Du dann besser riechen, schmecken und fühlen kannst, das sind aber immer noch die äußeren Sachen. Dann kommen die Gedanken an Sachen, die Du schon erlebt hast in der Äußeren Welt, oder die noch kommen werden, so wie bei Dir die Sandburgen aus den Ferien und das bevorstehende Abendessen, erst danach trittst Du in die Innere Welt ein, in Leilas Welt."

„Woher weißt Du das alles?" wollte Alexander wissen. „Ich weiß es, weil ich jeden Tag ein wenig in die Innere Welt gehe, immer dann, wenn ich Dir sage, dass Du mich mal 10 Minuten nicht stören sollst, und Du weißt ja, dass ich dann die Augen zumache und ganz still bin." „Ist die Innere Welt schön?" will Alexander wissen. „Ja, wunderschön", sagte seine Mutter, „darum gehe ich auch immer wieder dahin.Ich erfahre darin Mut und Zuversicht, Vertrauen und Freude und eben solche Sachen, die man nicht sehen oder hören kann und natürlich Liebe."

„Machen das alle Leute, in die Innere Welt gehen?" will Alexander wissen. "Ja, alle", wusste seine Mutter, „viele nur ganz kurz, wenn sie nämlich mal kurz auf ihr Herz hören. Es hat eine Stimme. Das Herz gehört zur Inneren Welt, und oft, wenn die Menschen nicht wissen, was sie machen sollen, und in die Innere Welt gehen, und ihr Herz befragen, dann erhalten sie einen Rat, und Du kannst es im Außen sehen, sie handeln und sprechen dann immer liebevoll." „Ich glaube, jetzt verstehe ich es allmählich", sagte Alexander. „Und da im Herzen, ich meine im Herzen eines jeden Menschen, da ist immer Liebe?"

„Ja, da ist immer Liebe", da war Svenja ganz sicher, "soviel Du willst. Du kannst immer in die Innere Welt gehen, zu Deinem Herzen und soviel Liebe abholen, wie Du in der äußeren Welt geben willst. Und im gleichen Moment wird schon wieder neue Liebe hineingepumpt, einfach so, ganz von selbst". „Das ist ja praktisch", meinte Alexander. „Wissen das alle Menschen?" „Wie viele Menschen das wissen, weiß ich nicht", meinte Svenja, „ich kenne allerdings Menschen, die glauben, dass man das Herz von außen mit Liebe füllen kann, mit irgendwelchen Dingen."

Alexander überlegte einen Moment. „Darf ich in Zukunft mit Dir in die Innere Welt gehen, jetzt, da Du mir das erklärt hast?" „Gerne", antwortete Svenja, wenn Du 10 Minuten still sein kannst, können wir zur gleichen Zeit gehen, jeder macht seine eigene Reise, und vielleicht gibt es manchmal   etwas, das wir hinterher miteinander teilen können."

Alexander freute sich, neben seiner Mutter in die Innere Welt reisen zu dürfen, das waren gute Aussichten für die nächste Zeit.

Und so machten sie es die ganze nächste Woche, jeden Morgen und jeden Abend, nur 10 Minuten. Zuerst hatte Alexander dabei noch immer viele Gedanken, doch manchmal hörten sie einfach auf, diese Gedanken, und er begann, in sein Herz zu lauschen. Ab und zu stellte er eine Frage, und er erhielt zu seinem größten Erstaunen auch eine Antwort. Und manchmal, wenn es ihm in der Äußeren Welt nicht so richtig gut ging, freute er sich sogar sehr auf seinen Ausflug in die Innere Welt. Da konnte er sich mal wieder ne riesige Portion Liebe abholen, um sie dann später in der Äußeren Welt an alle Menschen, die er traf, zu verteilen.

Endlich war es soweit. Er durfte Leila besuchen. An einem Samstagmorgen holte Tante Nadja ihn ab und nahm ihn mit in das Heim. Eine halbe Stunde später wollte ihn seine Mutter wieder abholen. Was würde ihn erwarten? Warum wollte er sie besuchen? Er wusste es nicht mehr genau.
Seine Mutter hatte ihn noch gewarnt: „Hüte Dich davor zu glauben, dass Du Leilas Welt schon kennst. Sie befindet sich schon viele Jahre darin, und Du hast gerade mal angefangen, Deine eigene Innere Welt kennen zu lernen."

Alexander hatte seinen Hasen mitgenommen, den mit den langen Armen und Beinen, mit dem Hasen im Arm fühlte er sich sicherer. Tante Nadja öffnete die Tür zu Leilas Zimmer und schloss sie auch sogleich wieder hinter ihm, er war mit ihr allein. Da saß sie, auf ihrem Bett und sah eigentlich aus, wie jedes andere Mädchen auch. Das heißt, nur ihre Augen, die waren anders, sie waren zwar offen, aber sie sahen ins Leere. Trotzdem wand sie ihren Kopf zur Tür, als hätte sie Alexander gesehen oder gehört. Vorsichtig und ganz langsam ging Alexander auf sie zu. Als er dicht vor ihr stand, wusste er nicht mehr weiter. Unsicher blieb er vor ihr stehen und fing ein bisschen an zu schwitzen, was sollte er nur machen? Er hatte vorher nicht darüber nachgedacht. Schließlich setzte er sich neben sie auf das Bett, ziemlich nah, aber doch nicht so dicht, dass er sie berührt hätte, das traute er sich nicht. Schon wieder war er ratlos.

Da dachte er an die Innere Welt. Er schloss die Augen und konzentrierte sich auf sein Herz. Und er fing an, ganz viel Liebe daraus zu schöpfen, und da er nicht wusste, wie er sie an Leila weitergeben könnte, begann er, seinen Hasen damit aufzuladen. Er schenkte seinem Hasen soviel Liebe aus seinem Herzen, dass der Hase zum Platzen voll damit wurde. Als Alexander die Augen wieder aufmachte, hatte er wirklich den Eindruck, dass sein Hase viel dicker geworden war von der ganzen Liebe, die jetzt in ihm steckte. Und dann nahm er ganz vorsichtig einen Hasenfuß und berührte damit ganz sachte Leilas Knie und zog ihn auch schnell wieder weg. Zuerst reagierte Leila überhaupt nicht, aber als er es noch einmal machte, begann sie mit der einen Hand Richtung Knie zu laufen, und beim dritten Mal erwischte sie den Hasenfuß und hielt ihn fest. Jetzt ließ Alexander den Hasen los. Da machte Leila etwas Seltsames. Sie befühlte den Hasen von Kopf bis Fuß und fing an, an ihm zu riechen. Sogar an seinem Ohr, an beiden Armen, überall schnupperte sie herum, seine Beine drückte sie fest, und Alexander wollte ihn ihr schon wieder abnehmen, denn er wusste nicht, ob das alles seinem Hasen so gefiel. Da drückte sie ihn plötzlich an ihr Herz, und es sah so aus, als wollte sie ihm was zuflüstern. Dann hielt sie den Hasen mit ausgestreckten Armen in die Luft, Alexander verstand, sie wollte ihn zurückgeben. Er nahm ihn schnell an sich und umarmte ihn. Da hörte er auch schon seine Mutter, wie sie die Tür öffnete und ihn abholen wollte. Zum Abschied berührte er noch mal schnell mit dem Hasenfuß Leilas Knie. Danach fuhr er mit seiner Mutter nach Hause.

„Nun, wie war Dein Besuch?" wollte sie wissen. „Ich glaube, Leila mag meinen Hasen", sagte er. „Vielleicht schenke ich ihn ihr beim nächsten Besuch." „Du willst wieder hin?" „Ja, Tante Nadja hat gesagt, dass sie wenig Besuch kriegt, und da kann ich doch ab und zu mit ihr spielen."
„In Ordnung". Seine Mutter war einverstanden.

Beim zweiten Besuch schenkte Alexander Leila seinen Hasen. Es war ihm schwer gefallen, sich von ihm zu trennen. Das musste er zugeben, aber Leila hatte sich so gefreut. Sie hatte gelächelt zum Abschied, und dieses Lächeln hatte er so schnell nicht vergessen. Und er konnte seinen Hasen ja nun jederzeit besuchen. Immer, wenn er Leila besuchte, war sein Hase ja auch da. Im Laufe der nächsten Zeit freundete er sich richtig ein bisschen an mit Leila, und hin und wieder begegneten sie sich in der Inneren Welt.

Und was er bei jedem Besuch mit seinem Hasen machte, das verriet er keinem. Er ging in seine Innere Welt, in sein Herz und schenkte dem Hasen so viel Liebe, bis er wieder ganz dick war.

Und Leila? Sie hat es wahrscheinlich gespürt. Beim letzten Besuch war der Hase schon ganz dick, als Alexander kam. Von Leilas Liebe.

Das rosa Sofa

Es war ein ganz normaler Mittwoch. Svenja holte ihren Sohn vom Kindergarten ab. Schon am Törchen kam er ihr traurig, mit langsamen Schritten entgegen. „Dunja hat mich ausgelacht, ganz doll, gleich heute Morgen, als ich ankam." „Ausgelacht?" wollte seine Mutter wissen. „Warum denn das?" „Ich hatte es doch heute morgen so eilig", antwortete Alexander, „und da habe ich meinen Pullover wohl falsch rum angezogen und da guckte hinten ein großes Schild raus, da hat sie immer dran gezogen und gelacht." „Und da warst Du beleidigt und hilflos und wusstest nicht, was Du machen solltest?" „Ja, so war das wohl. Dabei, eigentlich mag ich die Dunja gut leiden. Sie ist schon sechs und kann sogar schon ein bisschen lesen." „Gut" sagte Svenja", zu Hause reden wir noch mal in Ruhe darüber."

Zu Hause angekommen fragte sie Alexander: "Sag mal, kann es denn sein, dass Du heute morgen vergessen hast, Dich auf Dein rosa Sofa zu setzen?"

„Auf mein rosa Sofa?" fragte Alexander verdutzt? Ach ja, Alexander fiel es jetzt wieder ein, seine Mutter hatte ihm doch geraten, sich morgens erst mal auf das rosa Sofa zu setzen. „Bitte, erklär mir das noch mal mit dem rosa Sofa, Mama."

„Also gut. Mit dem rosa Sofa ist das so. Es befindet sich in Deinem Herzen, mittendrin. Du kannst es immer erreichen in Deiner Inneren Welt. Wenn Du nur mal kurz die Augen und Ohren zumachst, bist Du ganz schnell da. Das rosa Sofa ist ganz weich und gemütlich, und da es mitten im Herzen ist, ist es immer umgeben von lauter Liebe. Du kannst Dich also darauf setzen, ganz kuschelig, und ganz viel, viel Liebe in Dich aufnehmen, die Du dann in der Äußeren Welt verteilen kannst. Meistens sitzt man alleine auf dem rosa Sofa, aber es hat auch Platz für zwei, und Du kannst Dir auch jemanden darauf einladen, mit dem Du schon in Deiner Inneren Welt in Liebe baden willst." „Baden"? fragte Alexander.

„Ja, weil es so gemütlich und warm und kuschelig ist wie in einer

Badewanne, nur schöner."

„Okay, jetzt weiß ich es auch wieder, ich vergesse es aber oft, das zu tun. Ich denke eher dran, wenn es mir schlecht geht." „Ja, das geht vielen Menschen so, glaube ich, und wenn es ihnen gut geht, können sie sich nicht vorstellen, dass es ihnen noch besser, ja himmlisch gut gehen könnte," ergänzte Svenja.

Am nächsten Morgen vergaß Alexander nicht das rosa Sofa. Er fühlte sich gut gestärkt und hatte sogar seinen Pullover wieder falsch herum an, dieses Mal mit Absicht. Als er in den Kindergarten kam, lachte Dunja wieder, aber dieses Mal lachte Alexander mit und meinte "Ich glaube, das ist jetzt ganz modern." Am Freitagmorgen tauchte Dunja mit einem roten und einem blauen Socken im Kindergarten auf: „Ich glaube, das ist jetzt ganz modern", lachte sie. Und Alexander setzte sich jetzt jeden Tag auf sein rosa Sofa, wenigstens mal kurz.

Der kleine Mann

„Warum steht da ein Schrank auf der Straße?" Alexander guckte gerade aus dem Fenster. „Vielleicht zieht im Nachbarhaus jemand aus oder ein", meinte seine Mutter. "Jetzt sehe ich auch einen Lastwagen, da wird gerade ein Tisch rausgeholt und ein bunter Sessel." „Dann ist es wohl ein Einzug", kommentierte Svenja. „Doch jetzt ist es Zeit, um in den Kindergarten zu gehen". Schade, Alexander hätte gerne noch weiter zugeschaut.

Als er am Mittag wieder zurückkam, war nichts mehr von dem Lastwagen oder den Möbeln zu sehen , dabei hätte er doch zu gerne gewusst, wer da wohl eingezogen war. Er ahnte nicht, dass er noch lange warten musste, bis er den neuen Nachbarn kennen lernen konnte.

In der darauf folgenden Nacht wachte Alexander plötzlich von einem seltsamen Geräusch auf. Es hörte sich so an, als ob unter seinem Fenster jemand in der Erde graben würde. Er traute sich nicht, aufzustehen und nachzusehen, ob das ein Tier war, ein Igel vielleicht, oder eine ganze Igelfamilie, oder ein Maulwurf? Er wusste es nicht und schlief irgendwann wieder ein.

In der nächsten Nacht erging es ihm genauso, wieder war da so ein seltsames Geräusch. Er erzählte seiner Mutter am nächsten Morgen davon, sie hatte nichts gehört und meinte, vielleicht sei es ein Igel gewesen. Doch in der nächsten Nacht hörte sie auch etwas, dieses Mal unter ihrem Fenster, bei Alexander war alles ruhig. In der nächsten Nacht war es noch einmal das Gleiche. Dann war aber alles ruhig, und bald hatten die beiden diese seltsamen Geräusche vergessen.

Den neuen Nachbarn hatte Alexander immer noch nicht kennen gelernt, ob da überhaupt jemand wohnte? Und endlich, an einem

Sonnentag Anfang Mai, sah er ihn, den kleinen Mann von nebenan. Ja, klein war er wirklich. Kaum größer als Alexander, so einen kleinen Mann hatte Alexander noch nie gesehen. Er fegte die Straße vor dem Haus, in dem er wohnte, doch nicht genug damit, als er damit fertig war, fegte er auch noch vor den Häusern rechts und links von ihm. Alexander sah in das erstaunte Gesicht seiner Mutter:" So was sieht man selten", meinte sie. „Ich glaube, wir haben einen netten neuen Nachbarn."

Als Alexander mit seiner Mutter an diesem Morgen zum Kindergarten ging, erlebten sie eine Überraschung: In ihrem Garten, gerade unter den Zimmern von Alexander und seiner Mutter, blühten Tulpen, wo noch nie welche waren, und sie keiner gepflanzt hatte, oder doch? Waren das die seltsamen Geräusche gewesen vor einigen Wochen? Jetzt hatten sie eine Erklärung, da hatte doch tatsächlich jemand in der Nacht Tulpenzwiebeln in die Erde gesteckt. Und als sie weitergingen, wurden ihre Augen immer größer, überall, wo sie hinsahen, entdeckten sie leuchtend rot blühende Tulpen, in den Gärten, am Bürgersteig, im Park, am Straßenrand, überall wo vorher nur Erde war, blühte es. Die Tulpenzwiebeln hatten anscheinend für den ganzen Weg zum Kindergarten gereicht. Alexander kam dort mit leuchtenden Augen an und erzählte den anderen Kindern davon. Wer mochte das gemacht haben?

Plötzlich fiel Alexander der kleine Mann wieder ein, sollte er vielleicht…?
Als Alexander mittags wieder zu Hause war, fragte er seine Mutter, ob es wohl sein könnte, dass der kleine Mann die all die Blumen gepflanzt hätte. „Ja, klar das kann sein", meinte sie. „Aber warum weiß ich auch nicht."

Alexander konnte es kaum abwarten, dem kleinen Mann zu begegnen, um ihn danach zu fragen. Er schaute lange aus dem Fenster, und endlich sah er ihn, wie er wieder mal nicht nur vor seinem Haus, sondern auch vor den Nachbarhäusern fegte.

Zögernd ging Alexander auf ihn zu. „Warst Du das, der all die Blumen gepflanzt hat?" „Ja, das war ich" ,antwortete der kleine Mann. Er schaute Alexander mit freundlichen Augen an unter seiner gelben Schirmmütze. "Und wieso machst Du so was?" „Hast Du Dich gefreut?" fragte der kleine Mann zurück. „Ja, und meine Mama auch, es sieht alles so schön aus."

„Eben drum," sagte der kleine Mann und fegte weiter. Alexander wollte sich schon umdrehen, da sagte der kleine Mann noch: „Du, ich habe 5oo Blumenzwiebeln geschenkt bekommen, was hätte ich denn machen sollen?"

„Und warum fegst Du auch vor unserem Haus?" traute sich Alexander noch zu fragen. „Ich habe zwei starke Arme geschenkt bekommen, okay?"
sagte der kleine Mann.

Alexander dachte noch lange über diese Antworten nach, ob ihm wohl auch was geschenkt wurde, um anderen eine Freude zu machen?

Kindergeburtstag

Alexander hatte bald Geburtstag. Sechs Jahre wurde er alt, und so durfte er sechs Kinder einladen. Mit seiner Mutter überlegte er schon zwei Wochen vorher, wer wohl eingeladen werden sollte. .Endlich war die Liste fertig: Dunja und ihre Schwester aus dem Kindergarten, und Igor natürlich, der war auch aus dem Kindergarten, und dann noch Sven aus der Nachbarschaft mit seiner kleinen Schwester, und Peter, der wohnte in der Straße hinter der kleinen Brücke.

Jedes Kind sollte eine Einladung kriegen, seine Mutter half ihm dabei. Er malte sie noch mit Buntstiften an und verteilte sie dann stolz am nächsten Tag. Alle Mütter sollten bei Svenja anrufen, um zu versichern, dass sie auch ganz bestimmt kommen würden, bis drei Tage vorher jedenfalls.

Alexander freute sich schon riesig. Er wollte mit seinen Freunden Sackhüpfen und Eierlaufen spielen, (na ja, wenn seine Mutter ihm welche gab) und Topfschlagen, und die Straße bunt anmalen, und Kuchen essen, und Eis, und Schokolade, und Würstchen, und Spaghetti, aber nur die ganz langen natürlich.

Endlich kam der erste Anruf, Dunjas Mutter war dran. Dunja und ihre Schwester könnten nicht kommen, sagte sie, denn Oma würde 60 Jahre alt, und da würden sie hinfahren, ausgerechnet an diesem Tag. Alexander war enttäuscht, na ja, mit 4 Gästen konnte man ja auch noch viel Spaß haben. Dann kam der nächste Anruf, Peter konnte auch nicht kommen, sein Vater nahm ihn zu einer Sportveranstaltung mit. Schade, da blieben ja nur noch Igor und Sven mit seiner kleinen Schwester übrig. Und Alexander wollte doch so richtig schön feiern.

Drei Tage vorher rief Igors Vater an. Er hatte seinem Sohn ein neues Fahrrad gekauft, und Igor wollte jetzt nur noch Fahrradfahren und hätte keine Lust mehr auf Kindergeburtstag. Alexanders Laune sank fast bis auf den Fußboden. Was sollte er denn jetzt nur mit Sven und seiner kleinen Schwester spielen? Svenja versuchte ihn zu trösten: „Es kann auch mit wenigen Gästen ein schöner Geburtstag werden", meinte sie. Und dann geschah es. Zwei Tage vor dem Geburtstag rief die Mutter von Sven an, er war krank, Masern oder so. Er könne nicht kommen. Alexander heulte sofort los: „Jetzt kommt ja gar keiner mehr, was soll ich bloß machen? Das wird ja sooo langweilig."

Seine Mutter schwieg. Auf einmal hellte sich ihr Gesicht auf: "Ich glaube, es gibt noch mehr nette Kinder als die, die wir kennen", meinte sie. „Ja, aber wo?" Alexander wollte es mal wieder genau wissen. „Komm, wir suchen sie und laden sie ein", war Svenjas kurze Antwort. „Magst Du?"
„Ja, da müssen wir eine neue Einladung schreiben", sagte Alexander, er hatte sogleich mit Weinen aufgehört. „Dann diktiere sie mir", sagte Svenja, und schon ging es los:

„Ich heiße Alexander, und übermorgen habe ich Geburtstag und werde sechs. Und da will ich doch feiern, und alle meine Freunde haben abgesagt, krank, oder sonst was. Jetzt will ich Dich einladen, weil meine Mutter gesagt hat, dass es noch mehr nette Kinder gibt, und weil ich das auch glaube, und weil Du nett bist, lade ich Dich ein. Wir wollen ganz viel spielen, und was Leckeres gibt es auch, Dein Alexander, und komm schon um drei, damit wir viel Zeit haben."

„Und jetzt noch die Adresse drauf" fügte Alexander hinzu, "damit sie mich auch finden. Und wo gehen wir jetzt hin?" wollte Alexander wissen. „Zuerst in ein Geschäft, um die Einladung zu kopieren, wir brauchen sie ja ganz oft", meinte Svenja. Sie machte 12 Kopien. Dann fuhren die beiden mit dem Bus zu einem anderen Kindergarten. Als die Kinder dort von ihren Müttern abgeholt wurden, standen Alexander und Svenja davor und warteten auf nette Kinder.

Jedes Mal, wenn Alexander glaubte, dass ein Kind nett sei, drückte er die Hand seiner Mutter, und Svenja gab der Mutter des Kindes die Einladung. Das hatten sie schon im Bus vereinbart, denn Alexander traute sich nicht, die Einladung selbst zu übergeben. Als alle Kinder abgeholt worden waren, hatten sie noch zwei Einladungen übrig. "Dann gehen wir noch zur Schule", schlug Svenja vor, „da sind auch immer viele Kinder". Auf dem Weg dahin wurden sie schon eine Einladung los, und kurz vor der Schule, bei einem kleinen Mädchen mit Sommersprossen, fühlte Svenja schon wieder den Händedruck ihres Sohnes. Jetzt waren alle Einladungen weg.

Sie fuhren wieder nach Hause und fingen an mit Kuchenbacken und anderen Vorbereitungen. Endlich war der Geburtstag da, und Alexander konnte es kaum abwarten, bis es drei Uhr wurde. Und dann kamen sie, die netten Kinder, die er noch gar nicht kannte. Drei Jungen und drei Mädchen waren es. Das mit den Sommersprossen auch.

Und es wurde ein richtig schönes Fest. Sie spielten Sackhüpfen und Topfschlagen und Eierlaufen (Svenja gab ihm welche, aber gekochte). Sie aßen Kuchen und Eis und Schokolade. Sie malten die Straße bunt an, und am Abend gab es Würstchen und Spaghetti, aber nur die ganz langen natürlich.
Als alle Kinder wieder weg waren, fiel Alexander todmüde in sein Bett. Nebenan hörte er Svenja noch fröhliche Lieder singen, so konnte er wieder schnell einschlafen und träumte von seinen neuen Freunden. Gut, dass es so viele nette Kinder gibt.

Eine lange Busfahrt

Am einem Wochenende wollten Alexander und seine Mutter Svenja Onkel Wolodimir besuchen. Ja, er heißt so komisch. Er wohnt schließlich auch in Russland, und da gibt es manchmal andere Namen als in Deutschland. Onkel Wolodimir lebt in einem Dorf ganz weit weg. Man muss drei Stunden lang mit dem Bus dorthin reisen. Ja, es war wirklich eine Reise. Sie wollten auch bis Sonntag dableiben und erst am Abend zurückkommen.
Und wie das so ist bei einer langen Reise, da muss man ein bisschen Gepäck mitnehmen, und Proviant natürlich. Und dann packte Svenja noch einen dicken Zettelblock ein, mit ganz vielen bunten Zetteln.

„Was machen wir denn damit?" wollte Alexander wissen. „Die brauchen wir für ein Spiel", antwortete Svenja, „damit uns nicht so langweilig wird." „Und wie geht das Spiel?" fragte Alexander. „Ich bin schon einmal mit dem Bus gefahren, auch so lange", erklärte Svenja, „und da ist mir aufgefallen, dass viele Menschen einsteigen und andere aus. Und viele Menschen reisen alleine. Und ich bin mir sicher, dass sie gerne mal mit jemandem sprechen würden. Aber sie trauen sich nicht, jemanden anzusprechen, und mit dem Spiel helfen wir ihnen ein bisschen." Alexander konnte sich das Spiel immer noch nicht so richtig vorstellen. Aber er war neugierig geworden auf die lange Busfahrt. Er sah noch, wie seine Mutter die Zettel vorbereitete, indem sie etwas darauf schrieb.

Endlich war Samstag, und die lange Reise zu Onkel Wolodimir konnte losgehen. Sie stiegen ein, und Alexander setzte sich natürlich gleich ans Fenster. Ja, mit ihnen stiegen noch viele andere Leute ein. Die meisten schienen niemanden zu kennen. Bald kam die erste Haltestelle.
„Zeit für unser Spiel" meinte Svenja. Sie stand auf und gab allen Leuten, die aussteigen wollten, einen von ihren Zetteln. Alexander

schaute nun eifrig durchs Fenster, um genau zu sehen, was jetzt geschah, Die Leute stiegen aus und lasen offensichtlich den Zettel. Dann schauten sie sich erstaunt um, und viele gingen aufeinander zu. Sie zeigten sich ihre Zettel, kamen darüber ins Gespräch und verließen zu zweit oder auch mal zu dritt die Haltestelle.

Alexander konnte das Spiel immer noch nicht verstehen. Seine Mutter lachte. „Schau genau hin", sagte sie. Bald kam die nächste Haltestelle. Wieder stiegen einige Leute ein und denen, die ausstiegen, gab seine Mutter wieder einen Zettel. Wieder schauten sich die Leute erstaunt den Zettel an, manche schienen sich sogar zu freuen. Sie gingen mit einem Lächeln auf einen anderen Menschen zu und zeigten sich ihre Zettel. Einige lachten darüber und gingen gemeinsam weg.

„Wie geht das?" wollte Alexander jetzt endlich wissen. „Erst sind die Leute alleine, und dann lesen sie den Zettel, und dann gehen sie plötzlich zusammen weg, sie kannten sich doch vorher gar nicht." „Gut", meinte Svenja, „ich will Dir das Geheimnis dieses Spiels verraten, es steht auf dem Zettel. Also, auf dem Zettel steht geschrieben:

„Ein netter Mensch möchte Sie kennen lernen. Er wird sie nach dem Aussteigen aus dem Bus anschauen."

„Das ist alles?" Alexander wunderte sich. Doch jetzt hatte er Lust, das Spiel mitzuspielen, er verteilte die Zettel genauso wie seine Mutter. Die lange Busfahrt war gar nicht mehr lang.

In der Nacht bei Onkel Wolodimir träumte Alexander von vielen bunten Zetteln. Er freute sich schon auf die Rückfahrt.

Das Knie tut weh

An einem ganz normalen Montag holte Svenja ihren Sohn Alexander vom Kindergarten ab, wie immer um die Mittagszeit. Doch sie merkte sofort, als sie Alexander sah, dass irgendwas nicht so war wie sonst. Er machte so ein unglückliches Gesicht. „Was ist los?" wollte Svenja wissen. „Mein Knie tut weh, hier, das hier", sagte Alexander und zeigte auf sein rechtes Knie. Tatsächlich, er humpelte sogar ein bisschen. „Wie kam denn das?",fragte Svenja. „Ich habe mit einem Puzzle gespielt und da kam Igor und wollte auch das Puzzle, und da hab ich nein gesagt, und da hat er mich ans Knie getreten, und jetzt krieg ich, glaub ich, einen ganz dicken blauen Fleck." Alexander war ganz weinerlich zumute. Svenja nahm ihn erst mal in den Arm. Dann schaute sie sich das Knie an. Es war ein wenig geschwollen, aber zum Arzt brauchten sie nicht.

„Da bleibst Du am besten heute Nachmittag zu Hause und legst das Bein hoch. Ich werde es ein wenig kühlen, und dann haben wir auch gleich Zeit, um noch einmal darüber zu sprechen." Zum Glück gab es heute Spaghetti, die ganz langen natürlich, und Alexanders Gesicht sah schon nicht mehr so traurig aus.

Nach dem Essen legte Svenja sein rechtes Bein vorsichtig auf einen Stuhl, mit einem weichen Kissen drunter, und dann einen Eisbeutel drauf, nur Wassereis, aber mit einem Handtuch dazwischen. Erst einmal nahm er sich seinen Baukasten vor, mit dem spielte er immer gerne. Dann fiel ihm Igor wieder ein. „Igor ist gemein, ich trete ihn morgen auch mal, damit er weiß, wie weh das tut."

„Ich denke, das ist keine gute Lösung. Doch erzähl mir noch mal, wie alles gekommen ist", meinte Svenja. „Ich hatte das Puzzle, das schöne große mit der Eisenbahn drauf, und ich hatte erst den Rand, und es war noch ganz viel Arbeit. Und dann kam der Igor und wollte es haben, einfach so. Dabei hatte ich es doch schon." „Weißt

Du noch, was er gesagt hat?" fragte Svenja. „Weiß ich nicht mehr", sagte Alexander, er wollte es haben und ich hab „Nein" gesagt und weitergemacht." „Sonst nichts?" wunderte sich Svenja. „Hast Du ihn noch nicht einmal angeschaut?" „Nein, ich war doch gerade bei der Lok, und dann hat er mich getreten, einfach so, ist doch gemein oder?"

„Ja, das war nicht in Ordnung von Igor, Dich zu treten. Gewalt ist keine Lösung", sagte Svenja.

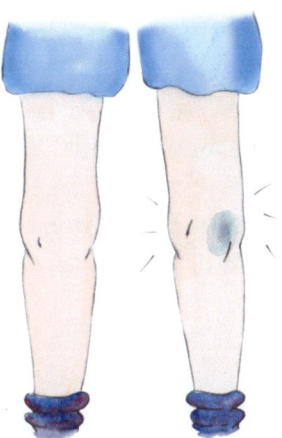

„Aber was hätte ich denn machen sollen?" fragte Alexander, „ich konnte doch nichts machen." „Doch", sagte Svenja zu seinem größten Erstaunen. „Doch, Du hättest ihm was geben können!" „Was geben?" Alexander verstand nichts mehr. „Ich hatte doch das Puzzle zuerst und wollte damit spielen. Nein, ich wollte es ihm nicht geben."

„Ich habe auch nicht gesagt, dass Du ihm das Puzzle geben solltest, ich habe gesagt etwas." „Wieso etwas? Er wollte doch das Puzzle." Also seine Mutter war heute seltsam, was meinte sie bloß?

„Gut", sagte Svenja, „ich will es Dir anders erklären. Immer, wenn ein Mensch auf uns zukommt und etwas von uns will, können wir ihm, nein, wir sollten ihm dann auch etwas geben."

„Immer?" fragte Alexander. „Immer", versicherte Svenja. „Egal, was er will?" „Ja, egal was er will." „Meine Güte", stöhnte Alexander, „muss das sein?"

„Du kannst es ausprobieren und Du wirst feststellen, dass es Dir gut tut, nicht nur dem anderen. Aber ich war noch gar nicht fertig, es Dir zu erklären, also, wo waren wir, ach ja. Immer wenn ein Mensch etwas von Dir will, solltest Du ihm auch etwas geben. Nicht immer, das, was er will, nein. Du solltest nur das geben, was Du auch geben kannst und magst. Am schönsten sind die Dinge, die von Deinem Herzen kommen." „Meinst Du was von den Dingen, die man nicht sehen kann?" fragte Alexander. „Ja, genau."

Allmählich ahnte er, was seine Mutter meinte. „Und das Beste war die Liebe, das weiß ich noch", erinnerte er sich wieder. "Aber was hätte ich denn nun machen sollen mit Igor?" Alexander wollte es nun mal wieder ganz genau wissen. „Du hättest ihm erst mal zuhören können, ihn dabei anschauen und Dein Puzzle unterbrechen. Dann hättet ihr bestimmt eine Lösung gefunden, vielleicht zusammenspielen oder ein anderes Puzzle oder…". „Ist ja schon gut" winkte Alexander ab. Jetzt hatte er genug von den langen Erklärungen seiner Mutter.

„Kann ich einen Tee haben?" fragte er. "Okay", sagte Svenja, " Du hast Glück, Du kannst bekommen, was Du willst, und noch Kekse dazu, magst Du?" Und ob er mochte. Sie schmeckten mal wieder köstlich.

Am Abend musste er wieder an Igor denken, irgendwas musste er anders machen, er war doch sein Freund.

Am nächsten Morgen kam Igor gleich auf Alexander zu. „Tut mir leid wegen gestern", sagte er, „ich wollte Dir nicht so weh tun." „Geht schon wieder besser", sagte Alexander, „wollen wir zusammen mit dem Eisenbahnpuzzle spielen?"

Der Mann mit dem Gewehr

„Mama, Mama, ich weiß jetzt, was ein Gewehr ist", Alexander kam ganz aufgeregt die Treppe rauf. Er hatte den Nachmittag wieder einmal bei Tante Nadja verbracht. „Ein Gewehr? Wie kommst Du denn darauf?" wollte Svenja wissen. „Ich durfte bei Tante Nadja wieder in den dunklen Kasten sehen, den man Fernseher nennt, da sollte was für Kinder drin sein, hatte Tante Nadja gesagt. Aber vorher war da noch der Mann mit dem Gewehr."

„Und was hat der Mann mit dem Gewehr gemacht?" fragte seine Mutter.
„Er ist nur ein paar Mal durch den Kasten gegangen, Tante Nadja hat gesagt, dass irgendwo Krieg ist in einem Land. Sie hat gesagt, dass da ganz viele Menschen ein Gewehr haben. Damit kann man schießen. Ich weiß jetzt, wie das geht. Man nimmt das Gewehr auf die Schulter, dann guckt man durch so ein kleines Dings, und dann mit dem Finger an so einem Hebel ziehen, und dann macht es ganz laut päng, hat mir alles Tante Nadja erklärt, weil sie mal eins gesehen hat, in echt, hat sie gesagt.
Mama, warum haben Leute ein Gewehr?" will Alexander wissen.

„Weil sie Angst haben", antwortete Svenja sofort. „Der Mann in dem Kasten sah aber nicht so aus", meinte Alexander. "Er sah richtig stark aus mit dem Gewehr". „Er hat seine Angst versteckt" erklärte

Svenja. „Du kannst sicher sein, wenn er keine Angst hätte, dann hätte er auch kein Gewehr." „Wieso versteckt?" Alexander wollte es mal wieder ganz genau wissen.

„Du hattest doch auch neulich mal Angst, weißt Du noch? Als Igor hier bei Dir geschlafen hat, und ich Dein Nachtlämpchen vergessen hatte. Da hast Du mich gerufen, und es mir ganz leise zugeflüstert, dass Du doch Angst hast im Dunkeln, und dass ich doch Dein Nachtlämpchen reinstecken soll, in die Steckdose. „Ja, der Igor sollte das nicht merken, dass ich Angst hatte", gab Alexander zu. „Na also, da hast Du auch Deine Angst versteckt, jedenfalls vor Igor."

„Und vor was hat der Mann in dem dunklen Kasten bei Tante Nadja Angst, auch vorm Dunklen?" „Das glaube ich nicht. Aber ich weiß es nicht genau. Ich kenne ihn ja nicht", antwortete Svenja. „Ich vermute eher, er hat Angst davor, nichts zu essen zu haben oder keine Wohnung, oder kein Geld oder er hat Angst vor dem Tod." „Was ist Tod?" wollte Alexander wissen. „Ich glaube, das erkläre ich Dir lieber morgen, sonst wird es heute zu spät, bis Du ins Bett kommst."

 „Dann sag mir wenigstens noch was Krieg ist, das wollte Tante Nadja mir nicht sagen, sie hat gesagt, ich soll Dich fragen." „Oh je", stöhnte Svenja, „aber nur ganz kurz. Krieg ist ein Streit zwischen ganz vielen Menschen. Ein paar Menschen, sie heißen Regierung, bestimmen, dass viele Menschen Streit haben sollen mit anderen Menschen, die sie gar nicht kennen." „Das ist ja blöd, streiten mit Menschen, die sie nicht kennen, so was können sich auch nur die Großen ausdenken. Und wieso gibt es überhaupt diesen Krieg? Warum machen die Menschen so was?"

„Ich vermute, es liegt daran, dass viele Menschen immer nur mehr haben wollen von allem, anstatt sich zu überlegen, was sie anderen geben könnten", erklärte Svenja. „Ist dann kein Krieg, wenn sie sich das überlegen, ich meine das mit dem Geben, was Du eben gesagt hast?" „Ja tun müssen sie es ja dann auch noch", ergänzte Svenja, „erst dann wäre Frieden." „Frieden ist das das, wenn kein Krieg ist?" wollte Alexander wissen. „Ja genau", meinte seine Mutter. „ Ist jetzt Frieden hier, wo wir sind?" fragte Alexander noch.

„Ja, ich glaube schon, so genau können wir das gar nicht wissen. Für uns, ich meine jetzt für Dich und mich ist wichtig, ob wir im Frieden sind, oder hast Du gerade Streit mit einem Menschen?" „Nein, habe ich nicht", sagte Alexander. „Na, dann kannst Du ja endlich in Frieden schlafen gehen", Svenja gähnte.

Alexander war auch ganz müde geworden von dem vielen Reden über Gewehr und Krieg. Die Erwachsenen waren manchmal seltsam, er würde jedenfalls Frieden machen, wenn er groß ist und nicht Krieg.

Dunjas Oma ist tot

Am Samstag war kindergartenfrei, wie immer. Alexander hatte aber keine Lust, alleine zu spielen, und er kam auf die Idee, seine Mutter zu fragen, ob er Dunja einladen durfte, aber nur mit Dominosteinen, denn er hatte nicht so viele. Am Freitag hatten sie zusammen im Kindergarten eine ganz große Klickerbahn gebaut aus Dominosteinen, und am liebsten würde er jetzt mit Dunja wieder eine bauen, durch zwei Zimmer am besten.

Svenja war einverstanden, und sie rief Dunjas Mutter an. Ja, welch ein Glück, Dunja war da, und hatte Zeit und Lust zu kommen. Ihre Mutter brachte sie eine halbe Stunde später vorbei und wollte sie am Abend gegen 6 Uhr wieder abholen. Alexander spielte immer gerne mit Dunja, sie lachte immer so viel. Nur heute nicht, da war sie irgendwie anders.

Alexander holte seine Dominosteine. Zusammen mit Dunjas Steinen waren es echt viele. Und sie fingen mit der Klickerbahn an. Alexander fing mit seinen Steinen im Zimmer seiner Mutter an, Dunja im Kinderzimmer, im Flur wollten sie sich treffen. Und dann sollte Dunja sie als erste umwerfen dürfen. Und bei der zweiten Klickerbahn war Alexander dran.

Als Alexander schon viele Steine aufgestellt hatte, so dass er bald im Flur weitermachen musste, hörte er Dunja schimpfen, ihr waren wieder alle umgefallen, sie musste von vorne anfangen. Dann erging es ihm genauso. Als er die Tür zum Flur aufmachte, stieß er an einen Stein, und alle fielen wieder um. Er begann von neuem. Inzwischen machte Dunja auch die Tür zum Flur auf und war fast fertig. Da stieß sie wieder an einen Stein, und alle fielen um. Da fing sie plötzlich ganz arg an zu weinen. „Dann helfe ich Dir gleich bei Deiner Seite", sagte er noch. Doch Dunja schien ihn gar nicht zu hören, sie schluchzte richtig laut auf. So hatte Alexander sie noch nie gesehen. Sie weinte immer heftiger und wollte sich gar nicht beruhigen.

Alexander wusste nicht mehr, was er machen sollte und rief seine Mutter. "Was ist bloß mit Dunja los? Ist doch nicht so schlimm mit der Bahn, oder?" Svenja kam und nahm Dunja erst mal in den Arm. Sie weinte weiter. Endlich schien sie was zu sagen, Alexander konnte es erst gar nicht verstehen. „Was hat sie gesagt?" fragte er seine Mutter. „Sie hat gesagt, ihre Oma ist tot."

Alexander erschrak. „Tot", das musste etwas Schlimmes sein, wenn Dunja so weinte. „Was ist tot?" fragte er seine Mutter. Stattdessen erklärte es Dunja, immer noch weinend. "Sie schläft für immer, sie wacht nie mehr auf, nie, nie mehr, und heute ist sie in die Erde gekommen, und ich kann sie nie, nie mehr sehen. Dabei hab ich sie so lieb gehabt."

„Ist das so?" wollte Alexander jetzt aber doch von seiner Mutter wissen, kommt man dann in die Erde und wacht nie mehr auf?" „Ja, so ähnlich" sagte Svenja und wandte sich wieder Dunja zu, die immer noch auf ihrem Schoß saß. „Du hast sie sehr lieb, Deine Oma, nicht wahr?" „Ja, aber jetzt ist sie tot." „Du kannst sie immer noch lieb haben, auch wenn sie tot ist", erklärte Svenja. „Aber ich verstehe, dass Du jetzt erst mal nur traurig bist. Das ist doch klar, bei Deiner lieben Oma."

Endlich, Alexander hatte schon alle Dominosteine wieder in die Kästen gelegt, da hörte Dunja mit dem Weinen auf. Sie putzte sich die Nase und fragte: "Wie soll ich das denn machen, sie immer noch lieb haben, jetzt wo sie doch da in der Erde liegt?"

„Es liegt nur ihr Körper in der Erde", erklärte Svenja. „Jeder Mensch besteht aus zwei Teilen. Der eine Teil ist sichtbar, das ist der Körper, und nur der ist tot. Aber dann gibt es noch den unsichtbaren Teil, also den Teil vom Menschen, den man nicht sehen kann, und der lebt weiter. Manche Menschen nennen ihn Seele."

„Das Wort habe ich schon mal gehört", rief Alexander. „Und mit diesem unsichtbaren Teil, da kann man sprechen, den kann man lieb haben, er hört es und spürt es, wenn wir zu ihm sprechen und da unsere Liebe hinschicken."

„Du meinst, die Seele hat Ohren und Augen und so was?" Alexander wollte es wieder mal ganz genau wissen. „Das braucht sie gar nicht, sie kann das, was Du sagen willst, oder was Du fühlst, oder von ihr denkst, auch so empfangen."

„Das verstehe ich nicht", sagte Alexander, „wie soll denn das gehen?" „Es gibt viele Dinge, die ich Dir nicht so genau erklären kann, und trotzdem funktionieren sie. Denk doch mal an unser Radio.

Irgendwo ist ein Sender und sendet was, Musik oder Stimmen, und das Radio, wenn Du es einschaltest, kann das empfangen, und Du kannst es hören.

„Dann muss Dunja also wie ein Sender sein, und ihre Oma wie ein Radio und dann kann sie verstehen, was Dunja sagt?" wollte Alexander wissen. „Ja, so ähnlich funktioniert das, und vielleicht besuchst Du sie mal im Traum", sagte Svenja.

Plötzlich hörte Dunja mit Weinen auf. „Das will ich heute Abend machen. Ich bin ein Sender und Oma soll immer ihr Radio anhaben, damit sie mich hören kann." Als Dunjas Mutter kam, hatte sie sich wieder beruhigt.

Am nächsten Morgen fragte Alexander sie im Kindergarten: „Na, hast Du gesendet, gestern?"

„Ich habe sie im Traum besucht", erzählte Dunja, „ und sie hat gelächelt und gesagt, dass sie ihr Radio für mich immer eingeschaltet hat." Und bei diesem Satz lächelte Dunja auch.

Chaos im Kinderzimmer

„Ach du meine Güte, sieht das hier aus." Svenja warf einen besorgten Blick in Alexanders Kinderzimmer. Stimmt, er hatte schon lange nicht mehr aufgeräumt, wie lange wusste er schon nicht mehr so genau. Aber bis jetzt hatte er noch alles wieder gefunden, na ja, die wichtigen Sachen jedenfalls. Und manchmal mit ein bisschen Suchen, auch schon mal ein längeres bisschen. Aber Platz war doch noch da zum Spielen, zum Beispiel auf dem Bett oder im Schrank, weil der leer war, und malen konnte er doch auch mal an den Wänden, oder? Aber das alles sagte er nicht laut. Nein, er dachte es sich nur.

„Ist doch gemütlich, oder?" Fast hätte er sich bei dieser Frage auf die Zunge gebissen. Nein, gemütlich fand er es ja selber nicht. Aber er hatte einfach keine Lust gehabt zum Aufräumen. Es war einfach zu viel.
„Wenn Du das gemütlich nennst, brauche ich Dir ja nicht beim Aufräumen zu helfen", kommentierte Svenja. „Nein, eh, so mein ich das doch nicht." Sie hatte was von helfen gesagt. Das konnte er doch gut brauchen, überlegte Alexander. "Hilfst Du mir wirklich?" „Ja, morgen nach dem Mittagessen fangen wir an, einverstanden?" Klar war er das. "Vielleicht ist es auch gut, wenn Du Dich von ein paar Sachen trennst, die Du nicht mehr brauchst", fügte Svenja noch hinzu.

Und am nächsten Tag fing Svenja wie so oft mit einer Erklärung an. Hoffentlich redet sie nicht so lange, ich will lieber spielen, dachte Alexander noch.

„Es ist wichtig, dass alles, was Du besitzt", erklärte Svenja, „einen Wert für dich hat." „Du meinst, dass ich alles lieb habe oder so?" fragte Alexander. „Ja, dass du es gern hast, oder es einfach brauchen kannst und deswegen gern hast."

„Aber meine kratzigen Handschuhe habe ich gar nicht gern", sagte Alexander. „Dann geh doch morgen mal ohne sie raus bei der Kälte", schlug Svenja vor. „Nein, nein, da krieg ich ja Eisfinger, aber ich weiß jetzt, was Du meinst, die kann ich eben brauchen und deswegen trotzdem gern haben, auch wenn sie kratzen. Geht`s jetzt los?"

„Ja", sagte Svenja, „ich schlage vor, wir spielen jetzt das Reisespiel. Wir schauen uns Deine Sachen an, und alles was Du gern hast oder gebrauchen kannst, darf zu Hause bleiben, alles andere schicken wir auf Reisen." „Auf welche Reise?" Alexander wollte es mal wieder ganz genau wissen. „Zum Beispiel diese zerknüllten Gemälde da von Dir, die reisen in die Mülltonne und dann zur Müllverbrennung." „Und das kaputte Auto auch?" fragte Alexander. „Klar", war Svenjas kurze Antwort.

Es dauerte ein bisschen, ein längeres bisschen, bis Alexander das Spiel gefiel. Seine Mutter musste ihm helfen, sich Reiseziele für die Sachen auszudenken, die er nicht mehr gebrauchen konnte. Ein paar Spielsachen sollten zu Svens kleiner Schwester reisen. Ein paar Kleidungsstücke verreisten einfach in eine blaue Tüte, die seine Mutter dann irgendwohin bringen wollte, und ein paar Sachen mussten weiter weg zu einem Markt reisen, wo Leute gebrauchte Sachen kaufen.

Bald waren sie fertig, da lag noch der grüne Pulli. „Was ist mit dem?" fragte Svenja. „Der soll auch verreisen, der war doch auch ganz billig, oder?" „Tja", seufzte Svenja, „den hätte ich gar nicht kaufen sollen." „Wieso nicht?" fragte Alexander." Ein paar mal hab ich ihn doch angehabt." Billige Sachen haben es oft schwer, ein richtiges Zuhause zu finden.Sie müssen oft verreisen." „Wieso? wollte Alexander wissen. „Nun, Menschen überlegen es sich nicht lange, ob sie dafür Geld ausgeben, weil es eben billig ist. Da kaufen sie schneller und behalten die Sachen auch nicht lange. So müssen billige Sachen eben oft reisen."

„Schade", meinte Alexander, „aber wie ist das, wenn Du was geschenkt kriegst. Das kostet doch gar nichts oder?" „Und ich habe es nicht ausgesucht oder gewünscht" ergänzte Svenja. „Das erzähl ich Dir. Wenn mich ein Geschenk erreicht, dann fühle ich, ob es auch mein Herz erreicht, ob ich es also gern haben kann, oder brauchen kann, und wenn nicht, dann geht es auf Reisen." „So wie die Keksdose neulich in die Mülltonne gereist ist?" „Ja, die Kekse waren schlecht geworden, sicher hatten sie schon viele Reisen hinter sich."

Endlich hatten sie alle Sachen von Alexander durchgesehen. Jetzt konnte er seinen Schrank und sein Regal neu einräumen. Svenja hatte es saubergemacht, und das Einräumen machte ihm jetzt sogar Spaß.

Da fiel ihm noch ein Frage ein: „Ist es wichtig, dass alle Menschen nur Sachen haben, die sie gern haben?" „Aber klar, sagte Svenja", sonst besitzen sie nicht ihre Sachen, sondern ihre Sachen besitzen sie." "Wie, was?" Alexander verstand schon wieder nichts mehr. „Ist doch ganz einfach", meinte Svenja, „stell Dir vor, du hast einen Schrank mit lauter Sachen, die Du nicht magst, der steht nun in Deinem Zimmer. „Ja und?"
Alexander schaute fragend zu seiner Mutter. "Na, da, wo der Schrank steht, könnte doch auch ein Freund von Dir sitzen oder ein schönes Auto stehen oder ein buntes Bild hängen, also Dinge, die du magst, und weil der Schrank da steht, geschieht das eben alles nicht." „Ach so", sagte Alexander, „alles klar", und er hatte beim Einräumen plötzlich den Eindruck, dass alle seine Sachen ganz wichtig waren, jedenfalls hatte er sie alle gern, und das war ein schönes Gefühl. Irgendwie.

Die dicke Möhre

Svenja schob das große Schneidebrett auf den Küchentisch. Daneben legte sie bunt gemischt allerlei Gemüse. Es war Samstag und Alexander hatte kindergartenfrei.

„Darf ich auch was schneiden, Mama?" fragte er. „Ja, sicher", antwortete sie und holte noch ein kleines Brett und ein kleines Messer dazu. Alexander griff sogleich nach der ganz dicken Möhre. „Das gibt wieder die bunte Gemüsesuppe, richtig?" „Genau, aber pass auf, dass Du Dich nicht in den Finger schneidest", warnte seine Mutter. Alexander entschied sich nun doch für eine kleine Möhre, die dicke war einfach zu dick und zu schwer zu schneiden. Mit der kleinen klappte es besser.

„Was hast Du gesagt?" Alexander hatte seine Mutter nicht verstanden. „Ich habe gar nicht mit Dir gesprochen", meinte seine Mutter. "Ich meinte das Gemüse". „Das Gemüse? Du sprichst mit dem Gemüse?" fragte Alexander ungläubig.

„Klar", meinte Svenja, „warum denn nicht?" „Weil, weil", es war nicht so leicht, das zu sagen, was Alexander meinte, endlich kam er drauf, "das antwortet doch gar nicht. Das Gemüse ist doch kein Mensch." „Hast Du nicht auch neulich zum Kaninchen von Dunja gesprochen?" fragte seine Mutter. „Ja, aber das ist doch ein Tier", erwiderte er. "Und das ist eben Gemüse."

Hm, Alexander fiel nichts mehr ein. Das Kaninchen von Dunja hatte auch nichts gesagt, und das Gemüse sagte auch nichts. „Aber das Gemüse ist doch gleich eine Suppe, und das Kaninchen nicht." „Hoffentlich nicht", meinte Svenja. „Aber viele Leute essen auch Kaninchen." „Das würde Dunja nie machen", da war sich Alexander ganz sicher. „Was hast Du denn dem Gemüse gesagt?", jetzt war Alexander doch neugierig.

„Ich habe mich einfach bedankt, dass es bei uns ist, und habe ihm erklärt, dass wir es gleich in Form einer Suppe zu uns nehmen werden, und dass wir mit der Kraft, die es uns gibt, hoffentlich was Gutes machen werden."

„Sagst Du immer so viel", wollte Alexander wissen? „Nicht immer", antwortete Svenja, „oft ist es nur ein kurzer liebevoller Gedanke, dass ich das Gemüse wertschätze, oder irgendetwas anderes, das ich zubereite." „Wertschätzen, was ist denn das?" fragte Alexander. „Nun, dass ich es gern habe, oder gern mag, oder lieb habe."

Inzwischen waren sie mit dem Gemüseschneiden fertig. Nur die dicke Möhre lag noch da. „Ich glaube, die brauchen wir heute doch nicht mehr", meinte Svenja, „wir haben schon genug geschnitten, Du kannst sie zurück in den Keller bringen." Alexander brachte die dicke Möhre also zurück in den Keller. „Du kommst vielleicht morgen in den Salat oder wirst am Sonntag ein Möhrenkuchen." Oh, jetzt hatte er sogar selbst mit der Möhre gesprochen, das ging ja wie von selbst. Fast hätte er sich noch von ihr verabschiedet, als er sie ins Regal legte. Er war selbst erstaunt darüber. Dann vergaß er die dicke Möhre, bis Sonntag. Da sollte sie wirklich zu einem Möhrenkuchen werden, und Alexander ging in den Keller, um sie zu holen. Ihm kam es fast so vor, als würde sie ihn begrüßen, seltsam.

„Du wirst jetzt ein Möhrenkuchen" sagte er zu ihr, „und aus Deiner Kraft wird meine Kraft, und dann laufe ich damit Rollschuh, in Ordnung?"

Heute schmeckte der Möhrenkuchen besonders gut, und das

Rollschuhlaufen klappte auch gut, ob das an seinem Gespräch mit der dicken Möhre gelegen hatte? Vielleicht hatten sie sich beide gern gehabt, die dicke Möhre und Alexander.

Aber dass er mit einer Möhre geredet hatte, das verriet er keinem, das blieb sein Geheimnis.

Der kleine Mann ist krank

Alexander hatte gerade seine Suppe ausgelöffelt, da klingelte es. Sven war an der Tür und sagte: „Alexander, Du musst unbedingt mit rauskommen, da unten ist was ganz tolles zum Spielen, aber was es ist, verrate ich nicht". Alexander wurde neugierig und konnte es kaum abwarten, bis er endlich seine dicke Jacke, seine warme Mütze, die Handschuhe anhatte, die so ein bisschen kratzig waren. Und fast hätte er den grünen Schal vergessen. Seine Mutter schlang ihm den noch eben um den Hals. „Es friert doch draußen", meinte sie noch. „Sonst erkältest Du Dich."

Als Alexander mit Sven nun endlich draußen war, konnte er noch nichts Besonderes entdecken. Was meinte Sven denn bloß? „Hier, gleich vor eurem Nachbarhaus ist es", rief er. „Schau mal, eine braune Schlitterbahn". Und schon nahm Sven Anlauf und schlitterte los. Alexander traute kaum seinen Augen. Tatsächlich da war eine braune Schlitterbahn, nicht so durchsichtig oder weiß, wie er sie sonst kannte, wo man so schön drauf herumlitschen konnte. Nein, diese war braun. Seltsam.

Und dann traute sich Alexander auch. Erst mal vorsichtig und langsam. Seine Knie wackelten arg. Und dann ging es immer besser und schneller.
Sven nahm jetzt sogar ein paar Schritte Anlauf, und hui, rutschte er an Alexander vorbei. Das wollte Alexander auch versuchen, erst ein paar Schritte Anlauf, und dann hui... Doch er landete auf dem Hosenboden. So konnte man auch rutschen. Nein, wehgetan hatte er sich nicht. So versuchte er es noch einmal. Wieder fiel er hin. Dieses Mal auf die Seite. Und sein Ärmel wurde ganz braun.

„Das schmeckt wie Kakao", rief er plötzlich zu Sven rüber. Er hatte ein bisschen an seinem Ärmel geleckt. „Kakao?" fragte Sven, und probierte nun auch. „Ich glaube, das ist Eiskakao, wo wir drauf rutschen", meinte Alexander. „Aber wo kommt der denn her?" wunderte sich Sven. Die beiden schauten sich um, und dann sahen sie es. Direkt vor der Haustür war ein ganzer Kasten mit Kakaoflaschen umgekippt. Sie waren kaputtgegangen, und so hatte sich der ganze Kakao auf den Bürgersteig ausgegossen und war gefroren.

Sven und Alexander sahen sich an, was sollten sie machen? Alexander hatte plötzlich keine Lust mehr zu rutschen und wollte wieder nach Hause. So verabschiedeten sich die beiden. Alexander klingelte an seiner Haustür. „Wie siehst Du denn aus?" empfing ihn seine Mutter wenig begeistert. „Du bist ja überall ganz braun", wunderte sich Svenja. "Das ist Kakao", war Alexanders kurze Antwort. „Wie kannst Du hinten an Deiner Hose Kakao trinken, und auf Deinem Rücken, und an Deiner Seite?" Seine Mutter schüttelte den Kopf. „Zieh die Sachen schnell aus! Das muss ich alles waschen." Sie war sichtlich ärgerlich.

Als Alexander frische Sachen anhatte, traute er sich endlich, seiner Mutter von der Kakaobahn zu erzählen. „Ach du jeh", rief sie. "Du meinst hier gleich nebenan ist sie, vor dem Haus, wo auch der kleine Mann wohnt. Und der Kasten mit den kaputten Flaschen liegt da vor der Haustür?"
Alexander nickte. „Dieses Mal gehe ich raus, und Du bleibst hier!" sagte sie sehr bestimmend. Er sah noch, wie sie einen Eimer und ein paar alte Zeitungen und alte Lappen mitnahm. Nach einer langen Zeit, jedenfalls so lange, dass Alexander schon mit seinem Baukasten zwei Häuser gebaut hatte, kam sie endlich wieder.

„So, das habe ich erledigt, und jetzt trinken wir erst mal einen Tee und bestimmt keinen Kakao." Alexander war auch die Lust auf Kakao vergangen.

Als sie mit dem Tee fertig waren, meinte Svenja: „Du, der kleine Mann von nebenan ist krank, eine Nachbarin hat es mir gerade erzählt, Du weißt doch, der all die Blumenzwiebeln gepflanzt hat." „Und der manchmal vor unserem Haus gefegt hat", ergänzte Alexander. „Ja, komm, lass uns mal rüber gehen und ihn fragen, ob er irgend etwas braucht." „Krank ist er, sagst Du?" fragte Alexander. „Ja, irgendwas soll mit seinem Fuß sein. Wir können ihn ja fragen. Magst Du mitkommen?" „Klar doch", sagte Alexander. Er verschwand aber erst mal in seinem Kinderzimmer. Kurz drauf kam er mit seinem grünen Beutel wieder. Irgend etwas Schweres schien drin zu sein. „Was nimmst Du denn da mit?" wollte Svenja wissen. Alexander sagte nur: „Ich nehme halt was mit."

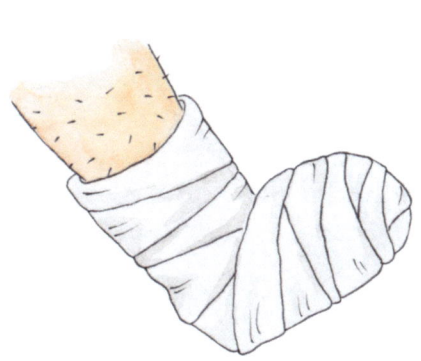

Dann gingen sie beide rüber zu dem kleinen Mann. Er saß auf seinem bunten Sessel und schaute die beiden verwundert an. „Wir gehören zu ihren Nachbarn", erklärte ihm Svenja . „Und wir haben gehört, dass Sie krank sind und wollten Sie fragen, ob Sie was brauchen. Das hier ist Alexander." Der kleine Mann schien sich zu freuen, er hatte sogar noch in seiner Wohnung seine gelbe Kappe auf.

„Ja, ich bin vor ein paar Tagen die Treppe runter gefallen und habe mir den Fuß gebrochen. Jetzt kann ich ein paar Wochen lang nicht rausgehen." „Da können Sie ja auch nicht einkaufen", meinte Svenja. „Darf ich Ihnen denn einmal am Tag was Warmes zu essen bringen?" Der kleine Mann freute sich. Damit hatte er nicht gerechnet. „Das wäre aber nett, ich wusste gar nicht, dass ich so liebe Nachbarn habe." „Das wussten wir auch nicht, bis wir Sie immer so viel haben fegen sehen, sogar vor unserem Haus." „Naja", sagte der kleine Mann und wirkte ein bisschen verlegen.

„Da fällt mir noch was ein. Montags bekomme ich immer einen Kasten Kakao geliefert. Wenn sie mir den am nächsten Montag rauf bringen könnten?" fragte der kleine Mann. „Machen wir", beeilte sich Svenja zu sagen. „Ich weiß gar nicht, wer dieses Mal den Kakao getrunken hat", sagte der kleine Mann nachdenklich. Alexander wurde es bei diesem Satz plötzlich ganz mulmig. „Doch vielleicht hat er ja meinen Nachbarn gut geschmeckt." Alexander warf seiner Mutter einen besorgten Blick zu, doch sie sagte nichts. „Komm, wir gehen jetzt wieder", meinte sie nur.

Da ging Alexander noch einmal auf den kleinen Mann zu. Er zog ein dickes Buch aus seinem Beutel. „Das kannst Du jetzt mal lesen, weil Du krank bist. Dann kannst Du besser schlafen", sagte er. Der kleine Mann lächelte. „Ist aber nur geliehen, bis Dein Fuß gesund ist", beeilte er sich noch zu sagen. "Ist nämlich mein Lieblingsbuch."

Auf dem Weg nach Hause fühlte er den warmen Händedruck seiner Mutter. Am Abend sang sie wieder fröhliche Lieder, und Alexander konnte gut einschlafen. Kakao trank er erst wieder drei Wochen später.

Schon wieder Weihnachten

„Mama, hast Du mal ein großes Blatt? Ich will alles aufmalen, was ich mir zu Weihnachten wünsche", rief Alexander, „Dunja hat ihres schon fertig, das hat sie mir heute Morgen im Kindergarten gesagt. Sie hat ein großes Blatt ganz voll gemalt. Das will ich auch machen."
„Einverstanden", meinte Svenja, „aber ich gebe Dir zwei Blätter. Das eine ist für Deine Wünsche. Auf das andere kannst Du alles malen, was Du verschenken willst." „Was ich verschenken will? Aber ich habe doch gar kein Geld", rief Alexander.

„Du meinst immer noch, man braucht Geld, um etwas zu verschenken? Wir haben doch neulich erst darüber gesprochen: Die wichtigen Dinge im Leben kann man nicht mit Geld bezahlen. Und jeder kann etwas verschenken, wenn er will."

„Hm". Alexander wurde nachdenklich, „meinst Du was von den Dingen, die man nicht sehen kann, Liebe oder Freundschaft oder so?"

„Ja, zum Beispiel, oder Zeit", antwortete Svenja.

„Wie mach ich das denn jetzt nun? Was soll ich denn auf mein Verschenkeblatt malen?" fragte Alexander. „Überleg doch mal, was Du schon alles kannst, Du bist ja jetzt schon sechs."

„Ich kann hohe Türme bauen, mit Bauklötzen", unterbrach sie Alexander, „und ich kann mir die Schuhe alleine zubinden, das kann die Dunja noch nicht, und ich kann was tragen, wenn wir einkaufen, und ich kann Plätzchen ausstechen, und ich kann…"

„Also, das ist ja schon eine ganze Menge", meinte Svenja. „Da weißt Du ja, was Du aufmalen kannst. Dann denk Dir aus, was Du an wen verschenken willst, natürlich nur, wenn Du wirklich willst."

Alexander überlegte kurz und holte seine Buntstifte. Er malte und malte.

Endlich, nach einer Stunde, war er fertig, und er rief seine Mutter. „Schau mal, was ich alles gemalt habe. Das hier sind 10 hohe Türme, die baue ich für Svens kleine Schwester. Du weißt doch, sie ist erst zwei und hat Spaß, sie umzuwerfen, und Sven hat schon keine Lust mehr, ihr immer neue zu bauen." „Und was ist das?" wollte Svenja wissen. „Das ist der Kasten mit den Kakaoflaschen von dem kleinen Mann von nebenan, da helfe ich ihm, sie hoch zu tragen. Und das sind Schnürsenkel vom Schuh, ich will Dunja zeigen wie das geht mit dem Zubinden. Und das, das verrate ich nicht, das ist für Dich."

„Schön", Svenja freute sich, „und wo ist Deine Wunschliste?" „Ach, die habe ich glatt vergessen", sagte Alexander. „Die kannst Du ja immer noch später malen oder morgen".

„Machst Du eigentlich auch eine Verschenkliste und eine Wunschliste, Mama?" wollte Alexander wissen. „Nein", verriet ihm seine Mutter, „die habe ich im Kopf, und manche Geschenke erfinde ich auch, wenn ich in der Stadt bin, weil ich ja nicht nur Leuten was schenke, die ich kenne, sondern auch anderen."

„Wie geht denn das?" Alexander wollte es mal wieder ganz genau wissen.

„Du kannst ja am Samstag mitkommen und mir helfen. Willst Du?" „Ja, ja, das will ich sehen", Alexander war neugierig geworden. Er konnte den Samstag kaum abwarten. Endlich war es soweit. Er sah noch, wie seine Mutter ein kleines Türmchen mit kleinen Münzen, die sie in den letzten Wochen neben der Kaffeedose gesammelt hatte, in die Manteltasche steckte.

Die Busfahrt in die große Stadt dauerte Alexander schon wieder viel zu lange. „Wie geht das denn jetzt mit dem Verschenken, und von was überhaupt?" wollte Alexander nun endlich wissen. „Wir schauen einfach, wo es etwas zu tun gibt, und dann machen wir das."

Schon beim Aussteigen aus dem Bus sah er, wie seine Mutter einer alten Frau beim Aussteigen half. „Sieh mal da das Papier. Es hat seinen Platz im Abfalleimer noch nicht gefunden." Alexander verstand, schnell hob er es auf und steckte es in den Abfallkorb.

Dann gingen sie in ein großes Kaufhaus. Seine Mutter hielt einer Frau mit einem Kinderwagen die Tür auf. Als nächstes hängte sie einen Pullover, der von der Stange gefallen war, wieder auf. Dann sagte sie einer Verkäuferin anscheinend was Schönes, denn sie lächelte danach. Einer Frau zeigte sie den Weg zur Kasse, und einem alten Mann half sie, eine schwere Tasche zu tragen. Irgendwas fand sie immer.

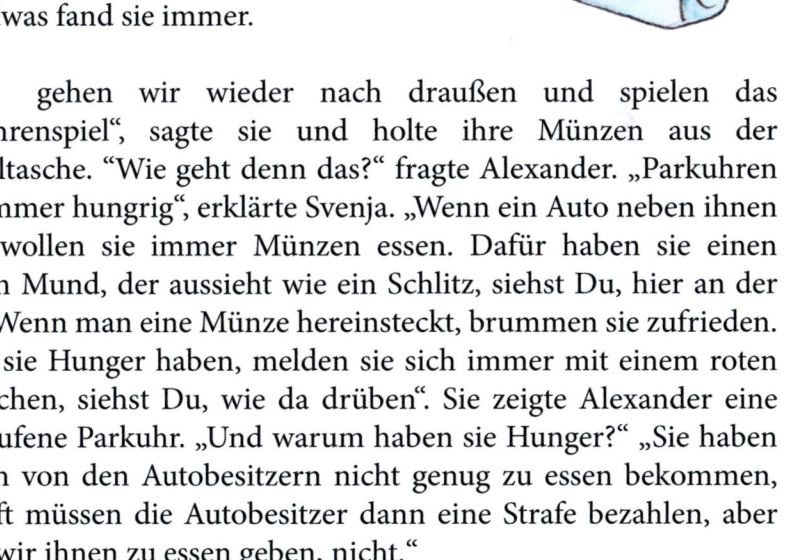

„Jetzt gehen wir wieder nach draußen und spielen das Parkuhrenspiel", sagte sie und holte ihre Münzen aus der Manteltasche. "Wie geht denn das?" fragte Alexander. „Parkuhren sind immer hungrig", erklärte Svenja. „Wenn ein Auto neben ihnen steht, wollen sie immer Münzen essen. Dafür haben sie einen kleinen Mund, der aussieht wie ein Schlitz, siehst Du, hier an der Seite. Wenn man eine Münze hereinsteckt, brummen sie zufrieden. Wenn sie Hunger haben, melden sie sich immer mit einem roten Schildchen, siehst Du, wie da drüben". Sie zeigte Alexander eine abgelaufene Parkuhr. „Und warum haben sie Hunger?" „Sie haben einfach von den Autobesitzern nicht genug zu essen bekommen, und oft müssen die Autobesitzer dann eine Strafe bezahlen, aber wenn wir ihnen zu essen geben, nicht."

Svenja gab ihrem Sohn die erste Münze, und er gab sie einer Parkuhr zu essen. Daneben stand ein großes schwarzes Auto. „Vielleicht gehört das Auto einem Mann, der ganz viel Arbeit hat", meinte seine Mutter.

Alexander fand schon nach ein paar Schritten noch eine hungrige Parkuhr. Daneben stand ein kleines grünes Auto mit zwei Kindersitzen. „Vielleicht wollten die Kinder noch zum Bäcker", riet Svenja und gab Alexander die nächste Münze. Jetzt machte es auch Alexander Spaß, sich Geschichten auszudenken, was die Autofahrer wohl gerade machten. „Vielleicht steht die Frau oder der Mann von dem roten Auto ja gerade in einer Warteschlange", meinte er. „Und der Besitzer von dem blauen Auto sucht vielleicht gerade einen Weihnachtsbaum aus", ergänzte Svenja. "Hier ist sogar eine hungrige Parkuhr neben einem kleinen Bus, da passen ja sieben Leute rein", Alexander hatte nachgezählt. „Vielleicht spielen sie gerade Fußball", "oder sind kegeln gegangen oder feiern schon Weihnachten", vermutete Svenja, „oder spielen Nachlaufen oder Verstecken." Beinah hätte Alexander vergessen, die Münze einzuwerfen.

Nach einer Stunde hatten sie keine Münzen mehr. „Genug für heute", rief Svenja.

Auf dem Rückweg zur Bushaltestelle kamen sie noch einmal an dem kleinen grünen Auto mit den zwei Kindersitzen vorbei. Alexander sah noch, wie eine Frau die Parkuhr anstaunte und lächelte. Er drückte die Hand seiner Mutter. Irgendwie war es doch ein schönes Spiel gewesen.

Das Weihnachtsgeschenk

Dieses Mal freute sich Alexander besonders auf Weihnachten. Er hatte sich einen Baukasten gewünscht, einen richtig großen mit Rädern und Stangen. Er wollte sich ein Auto zusammenbauen, das auch fahren konnte. Und er war sich fast sicher, dass er ihn auch bekommen würde. Denn kurz vor Weihnachten war seine Mutter einmal alleine mit dem Bus in die Stadt gefahren, und als sie zurückkam, hatte sie viele Pakete dabei, und eins war richtig groß. Das hatte er schon durchs Fenster gesehen. Und gerade das große, das brachte sie nicht mit rauf, sondern versteckte es im Keller.

Endlich war der Weihnachtsabend da. Als es nun darum ging, die Geschenke auszupacken, war da tatsächlich ein großes Paket für Alexander. Seltsam leicht fühlte es sich an, und es rappelte auch gar nicht. Und da war er, der Baukasten oder doch nicht? Jedenfalls war da ein Karton. Da waren Bauklötze drauf abgebildet und Räder und Stangen. Aber als Alexander den Karton öffnete, war er leer. Fast hätte er losgeheult, was sollte das bedeuten?

Er schaute hinüber zu seiner Mutter. Sie hatte gerade sein großes Bild ausgepackt und strahlte. Er hatte sich aber auch richtig viel Mühe gegeben mit dem Bild. Zwei Bäume waren drauf, mit Kirschen dran, ja echt viele Kirschen. Das war viel Arbeit, und ein Haus, und eine Rutsche, eine ganz hohe mit vielen Sprossen. Noch mal echt viel Arbeit war das gewesen. Und ein Kind hatte er gemalt, sogar ohne Handschuhe, also alle Finger, und er hatte extra nachgezählt und…"Das ist aber schön", wurde er von Svenja in seinen Gedanken unterbrochen. „Das war aber viel Arbeit! Da freu ich mich sehr". Und sie drückte ihm einen dicken Kuss auf die Wange.

„Und was ist mit Deinem Geschenk, freust Du Dich auch?" fragte sie doch tatsächlich. Dabei saß er doch vor einem leeren Karton. Nur schön bunt war er. "Naja", zögerte er. Was sollte er bloß sagen?

Da fiel Svenja auf, dass irgend etwas nicht stimmte, und sie sah auf einmal auch, dass der Karton leer war. „Ach du liebe Zeit, wie ist das denn passiert?" fragte sie erstaunt. Da kullerten Alexander doch noch ein paar Tränen übers Gesicht, und Svenja nahm ihn erst mal in den Arm. „Hast Du wirklich gedacht, ich wollte Dir einen leeren Karton schenken?" Alexander beruhigte sich schnell wieder. „Ich wusste ja nicht…". „Nein, er sollte natürlich gefüllt sein. Schau mal, die Klötze, Räder und Stangen sind hier außen abgebildet. Ich hab ihn in dem großen Kaufhaus in der Stadt gekauft, solche Klötze lagen auch im Schaufenster… Oh je, sollte mir der Verkäufer aus Versehen nur den Karton gegeben haben? Und ich Esel habe nichts gemerkt, weil ich sowieso schon so schwer beladen war? Wir müssen unbedingt gleich nach Weihnachten zum Kaufhaus fahren und nachfragen." Da hatte Alexander wieder Hoffnung, dass er doch noch seine Bauklötze bekommen würde.

„Und jetzt schauen wir mal, was alles auf dem Karton abgebildet ist,

und vielleicht können wir ja was ausschneiden und damit spielen." Und genau so machten sie es. Alexander holte seine Kinderschere und schnitt zuerst die Räder aus. Svenja holte Klebstoff und alte Garnrollen, und schon wurde die bunte Pappe auf die Garnrollen geklebt. Alexander schnitt weiter aus, und Svenja holte Zahnstocher, Zündholzdosen, Gewürzgläser, Medikamentenschachteln, Gummis, Tesafilm…, und so wurde es ein großes Bastelweihnachten. Beide hatten viel Spaß dabei. Sie schafften es sogar, ein Fahrzeug zu bauen, das fuhr, na ja, wenigstens ein bisschen, wenigstens bergab.

Doch nach Weihnachten beeilten sie sich, um den frühen Bus in die Stadt zu erreichen, um zum Kaufhaus zu gehen. Der Verkäufer erinnerte sich noch an Svenja. „Oh, ich habe Ihnen aus Versehen einen leeren Karton verkauft, das tut mir so leid, ich habe es erst gemerkt, als sie schon weg waren. Es war der letzte, und die Klötze stehen noch alle im Schaufenster. Da warst Du sicher enttäuscht Weihnachten" fragte er Alexander. Der nickte nur verlegen. „Komm, dann darfst Du jetzt ausnahmsweise mit ins Schaufenster gehen und mir helfen, die Klötze herauszuholen. Magst Du?" Alexander strahlte. „Ins Schaufenster? Echt?"
Der Verkäufer reichte ihm die Hand. „Und Deine Mutter kann nach draußen gehen. Wenn sie uns beide dann im Schaufenster

sieht, kann sie überlegen, wen von uns sie kaufen will." Jetzt musste Alexander lachen.

Er ging mit dem Mann ins Schaufenster und winkte seiner Mutter zu. Er schnitt sogar ein paar Grimassen. Doch dann beeilte er sich mit dem Einsammeln der Klötze. Endlich hatte er sein richtiges Weihnachtsgeschenk.

Auf dem Weg nach Hause trafen sie Alexanders Freund Sven, und Alexander sagte zu ihm: "Du, ich war heute im Schaufenster, und meine Mutter hat mich gerade gekauft." Sven schüttelte den Kopf, „das glaub ich nie". Alexander lachte und erzählte ihm dann die ganze Geschichte.

Der Tag mit dem Erdbeben

Heute holte Alexander seine Mutter von der Bushaltestelle ab. Er hatte den Nachmittag bei seinem Freund Sven verbracht und wusste genau, mit welchem Bus seine Mutter aus der großen Stadt zurückkommen wollte. Da war er auch schon, der Bus. Svenja stieg aus mit einer großen Einkaufstasche. Sie sah ein wenig müde aus. Alexander fasste sogleich an der Tasche an, um sie mit zu tragen. „Das ist aber lieb von Dir", freute sich Svenja, „ich meine, dass Du mich abholst, und auch noch beim Tragen hilfst. Danke."

„Ich wollte nicht mehr länger bei Sven bleiben", berichtete Alexander „wenn das Erdbeben auch zu uns kommt, will ich lieber bei Dir sein."
„Das Erdbeben?" fragte Svenja. „Ja, bei Sven war das Fernsehen an, Svens Mutter hat da was gesehen, und plötzlich fing sie ein bisschen an zu weinen und hat immer `oh je` gesagt, oder so ähnlich. Dann hat Sven sie gefragt, was los ist, und dann hat sie uns im Fernsehen was gezeigt. Da war ganz viel Erde, und Steine, und kaputte Häuser. Menschen haben gegraben, und einmal war da eine Hand, die aus der Erde rausguckte. Sie hat uns erklärt, dass da ein Erdbeben war in einem anderen Land, und dass da ganz viele Menschen gestorben sind." „Das Wort sterben mag ich nicht", antwortete Svenja, „ich habe in der Stadt auch davon gehört, von diesem Erdbeben, und ich kann verstehen, dass Svens Mutter traurig war, doch jetzt lass uns erst mal reingehen und die Tasche auspacken. Dann reden wir weiter."

Inzwischen waren sie an der Haustür angekommen, und Alexander durfte aufschließen. Das hatte er gerade kurz vorher gelernt. Der Schlüssel mit dem roten Ring passte zur Haustür, der ohne Ring zur Wohnungstür. Dann durfte Alexander die Tasche auspacken. Es waren lauter Lebensmittel darin, und er half seiner Mutter beim Einräumen in den Schrank und in den Kühlschrank. „Ich glaube nicht, dass das Erdbeben auch zu uns kommt", meinte Svenja. "Es war in einem Land ganz weit weg." „Und warum magst Du das Wort ´sterben´ nicht?" wollte Alexander wissen.

„Ich spreche lieber davon, dass die Menschen ihren Körper verlassen. Schließlich stirbt nur der Körper und nicht die Seele." „Ach wegen der zwei Körper, die jeder Mensch hat, wie Du mir mal erklärt hast?" fragte Alexander. „Ja, genau, wenn der Körper tot ist, lebt die Seele immer noch weiter. Sie trennt sich nur vom Körper." „Und bist Du dann nicht traurig, wenn ein Erdbeben kommt, oder sonst was, und die Menschen dann tot sind?" wollte Alexander wissen. „Doch, das bin ich auch oft", gab Svenja zu, „doch dann irgendwann geh ich auf mein rosa Sofa, Du weißt schon, das im Herzen, wo ganz viel Liebe ist, und dann wünsche ich diesen Menschenseelen eine gute Reise. „Eine gute Reise?" fragte Alexander ungläubig, „ wieso?"

„Oh, wie soll ich Dir das nur erklären?" stöhnte Svenja, "Sie sind dann in anderen Bereichen, die wir uns nicht gut vorstellen können. Ich will es Dir mal am Beispiel von einem Fisch erklären. „Der lebt immer im Wasser", wusste Alexander. „ Ja, genau", fuhr Svenja fort. „Er kann sich überhaupt nicht vorstellen, wie das Leben ohne Wasser wäre, er kennt keine Wiese, keine Blume, keinen Baum, und all die Sachen überhaupt nicht, das sind andere Bereiche, die er nicht kennt. Und so kommt der Mensch ohne seinen Körper auch in andere Bereiche, die er nicht kennt, solange er noch diesen Körper hat. „Du meinst, da wo Dunjas Oma auch jetzt ist?" „Ja, genau. Da habe ich es Dir schon einmal erklärt." „Dunja meint, dass ihre Oma es jetzt ganz gut hat, und weil sie keinen Körper mehr hat, hat sie auch keine Schmerzen mehr in den Beinen, wie vorher, ist doch praktisch, oder?" „Ja, da hast Du recht, doch jetzt lass uns schlafen gehen, ich bin sehr müde."

Am nächsten Morgen kamen Svenja und Alexander auf dem Weg zum Kindergarten an einem Hasen vorbei, der gerade von einem Auto überfahren worden war. Er atmete nicht mehr. Alexander drückte die Hand seiner Mutter und blieb einen Moment stehen. Er schloss die Augen und sagte dann ganz leise: „Lieber Hase, gute Reise!"

Nicht zu Hause

Heute wirkte Alexanders Mutter wieder sehr müde, als sie vom Einkaufen zurückkam. „Warum bist Du so müde, Mama?" wollte Alexander wissen, „hast Du so viel eingekauft?" „Nein", antwortete Svenja, „ich habe nur wieder so viele Menschen gesehen, die nicht zu Hause waren." „Ist doch klar, dass sie nicht zu Hause sind", warf Alexander ein. „Wenn sie doch in der Stadt sind, sind sie nicht zu Hause."

„Nein, so meine ich das nicht", lachte Svenja. „Ich meine damit, dass sie nicht in Ihren Körpern sind." „Nicht in ihren Körpern?" wunderte sich Alexander. „Ja, ich habe Dir doch schon einmal erklärt, dass jeder Mensch zwei Körper hat, einen, den Du sehen kannst, und einen, den Du nicht sehen kannst." „Der heißt Seele, das weiß ich doch", ergänzte Alexander.
„Und wieso nun nicht zu Hause?" „Ja, ich habe wieder viele Menschen in der Stadt gesehen, die anscheinend nur in ihren Körpern herumlaufen und deren Seele ganz woanders ist." „Und das kannst Du sehen?" wunderte sich Alexander.

„Jeder kann das sehen", erklärte Svenja, „Du auch. Du siehst es in ihren Augen, ob sie gerade zu Hause sind oder nicht, die Augen sind das Fenster zur Seele. Wenn die Seele also gerade zu Hause ist, dann strahlen die Augen und sind ganz wach und aufmerksam. Diese Menschen schauen Dich auch an, wenn Du Dich Ihnen näherst. Die anderen, die nicht zu Hause sind, da sind die Augen wie mit Fensterläden verschlossen. Du kannst nicht hineinsehen, obwohl sie offen sind." „Und davon waren ganz viele Menschen in der Stadt?" fragte Alexander. „Ja, viele", antwortete Svenja. „Diese Menschen konnte ich alle nicht erreichen, und das macht mich manchmal ein wenig müde." „Und bei den anderen, die zu Hause sind?" wollte Alexander wissen.

„Das sind die schönsten Begegnungen", antwortete Svenja, „wenn sich zwei Menschen treffen, die beide zu Hause sind. Dann findet ein Austausch statt, der beide reicher macht." „Aber sie haben dann doch nicht mehr Geld, oder?" fragte Alexander. „Natürlich nicht. Es entsteht ein anderer Reichtum." „Ach, Du meinst sicher die Dinge, die man nicht sehen kann, Freundschaft, Liebe und so?"
„Ja, jetzt hast Du mich verstanden. Treffen sich also zwei Menschen, die beide zu Hause sind, dann kann ein Austausch von Herz zu Herz stattfinden, und dann werden durch diese Begegnung beide reicher. Und manchmal träume ich davon, wenn ich ganz viele Menschen sehe, so wie heute in der Stadt, dass sie alle zu Hause sind und alle ganz reich werden."

Alexander schloss für einen Moment die Augen, diesen Traum wollte er gerne gemeinsam mit seiner Mutter träumen.

Das alte Sofa

Als Alexander heute aus dem Kindergarten kam, sah er es. Es stand einfach so herum an der Straße, das alte Sofa. Es war wirklich alt, ein Bein fehlte, so stand es sogar schief. Und dann der Stoff! Ja, bunt war er, sehr bunt. Ob er allerdings immer so bunt gewesen war, konnte man nicht mehr erkennen. Und eine Armlehne war kaputt. Sie hing ein wenig nach unten. Alexander schaute das alte Sofa lange an: „Warum steht da ein Sofa an der Straße?" fragte er seine Mutter. „Hm", meinte Svenja, das hat wohl jemand da abgestellt, der es nicht mehr brauchen konnte.
Vielleicht soll es ja abgeholt werden, zur Müllverbrennung."

Am nächsten Tag hatte Alexander das alte Sofa fast vergessen. Doch als er vom Kindergarten kam, er traute seinen Augen kaum, da saß doch der kleine Mann von nebenan auf dem Sofa, an der Straße. Einfach so. Er hatte wie immer seine gelbe Schirmmütze an und lächelte, als Alexander kam. „Ich bin jetzt wieder gesund", sagte er. „Hier ist Dein Buch zurück." Und er reichte Alexander das Buch rüber. „Ich kann verstehen, dass es Dein Lieblingsbuch ist. Ich habe viel darin gelesen, als ich nicht laufen konnte, besonders die Geschichten von all den Dingen, die man nicht sehen kann, haben mir gut gefallen." Alexander lächelte. Schön, dass es noch mehr Menschen gab, die von den Dingen wussten, die man nicht sehen kann, von den wirklich wichtigen.

Am nächsten Tag saß der kleine Mann schon wieder auf dem Sofa an der Straße, und Alexander fragte ihn: „Ist das Dein Sofa?" „Nein", antwortete der kleine Mann, „es steht nur fast vor meinem Haus. Ich weiß nicht, wer es da hingestellt hat, aber ist doch eigentlich praktisch, so ein Sofa an der Straße, oder?" Darüber hatte Alexander noch nicht nachgedacht. „Du kannst es ja heute Nachmittag mal ausprobieren, vielleicht hat das Sofa auch eine Geschichte zu erzählen, oft schreibt das Leben selbst ja die besten

Geschichten." „Ich frage meine Mutter, und vielleicht komme ich nachher", antwortete Alexander.

Und Svenja erlaubte es ihm. So ging Alexander am Nachmittag zu dem alten Sofa an der Straße mit dem kleinen Mann drauf. Alexander setzte sich neben ihn und fühlte sich ein wenig abenteuerlustig. Alle Leute, die vorüber kamen konnten sie ja sehen. Und einige schüttelten verwundert den Kopf und gingen weiter. Doch Alexander ließ sich nicht beirren und fragte den kleinen Mann: „Du hast was von der Geschichte gesagt, von dem Sofa. Was meinst Du damit?" Der kleine Mann lächelte. „Wir können uns doch einfach etwas ausdenken, was dieses alte Sofa alles erlebt hat. Magst Du?" „Klar. Wie geht das?" wollte Alexander wissen. „Ich spreche so, als wäre ich das Sofa und erzähle aus meinem Leben. Am besten machst Du dabei die Augen zu, Geschichten kann man nämlich besser nur mit den Ohren hören und sehen. Okay?" Alexander war einverstanden. Er wickelte seinen grünen Schal noch einmal um den Hals, zog die Beine an und machte es sich so richtig gemütlich. Sogar den Kopf konnte er noch anlehnen. Und der kleine Mann begann die Geschichte des Sofas:

„Als ich noch ganz jung war, ich meine, gerade zusammengebaut, habe ich eine lange Reise gemacht in einem dunklen Lastwagen. Ordentlich gerumpelt hat es manchmal, und ich wurde ein wenig hin und her geschoben. Endlich, am Ende der Reise wurde ich in ein großes Kaufhaus gebracht, direkt in ein Schaufenster. Ein Mann stach mir in die Lehne, und ein Schild mit ein paar Zahlen drauf wurde an mir befestigt. Das war ein guter Platz da im Schaufenster der großen Stadt. Ich konnte all die Menschen sehen. Und sie konnten mich sehen. Manche drückten sich die Nase platt an der Schaufensterscheibe, um mich besser sehen zu können.
Ich kam mir ganz wichtig und bedeutend vor.

Und dann geschah es. Eines Tages kam ein kleines Mädchen mit roten Locken und setzte sich auf mich, endlich durfte ich das tun, wozu ich da war: Einem Menschen einen Platz anbieten. Und dann noch so einem netten Menschen. Das Mädchen schmiegte sich so richtig in mein kuscheliges Polster, lehnte sich an und sagte: „Das ist schön." Und ich hatte Glück. Kurz darauf wurde mir das Schild abgenommen. Ich ging wieder auf Reisen und landete in der Wohnung des kleinen Mädchens.

Dort lebte ich ein richtiges Sofaleben. Zuerst wurde ich bewundert und oft gestreichelt. Jeder wollte auf mir sitzen. Kleine Kinder sprangen sogar auf mir herum. Zum Glück sind meine Federn dazu geeignet. Doch bald war ich ein Möbelstück wie jedes andere. Niemand sprach mehr über mich, es sei denn, ich bekam einen Fleck. Und das kam in Laufe der Zeit immer häufiger vor. Zuerst war es ein Klecks Tinte von dem kleinen Mädchen. Es hat sogar danach geweint. Dann war es Kakao, dann Wodka und Limonade und sogar Lippenstift und noch viel, viel mehr.

Mit der Zeit bin ich sehr alt geworden. Bei einem Streit habe ich sogar ein Bein verloren, ja, es haben sogar Menschen auf mir gestritten, manche waren wütend, manche traurig, manche lustig. Doch ich habe nie vergessen, was meine Aufgabe ist. Egal wie ich mich fühle. Und so mache ich es auch heute noch. Als ich da, wo ich war, nutzlos geworden war, und jetzt hier auf der Straße stehe zum Abholen für die Müllverbrennung: Ich biete jedem Menschen einen Platz an."

Der kleine Mann hatte aufgehört zu sprechen. Alexander machte die Augen auf. Um das alte Sofa herum standen einige Kinder und sogar ein paar Erwachsene, die die Sofageschichte mitgehört hatten.

„Das wäre schön", sagte der kleine Mann noch, „wenn wir das auch könnten, was dieses alte Sofa kann, jedem Menschen einen Platz anbieten."

Mit einem Lächeln auf dem Gesicht gingen die Menschen nach Hause, auch Alexander. Und als das alte Sofa am nächsten Tag verschwunden war, so hatte doch Alexander nicht vergessen, wie schön kuschelig es sein konnte, wenn man einen Platz angeboten bekam und einen Menschen an seiner Seite hatte.

Das Milchkännchen

Es war ein Regentag. Weder Svenja noch Alexander hatten Lust raus zu gehen. Außerdem war Sonntag und sie hatten viel Zeit, eigentlich zu viel Zeit. Jedenfalls wusste Alexander nicht so recht, was er machen könnte.

Alle Geschenke, die er zu Weihnachten machen wollte, hatte er schon verschenkt, na ja, fast alle. Denn Svens kleine Schwester, der er doch 10 Türme bauen wollte zum Umschmeißen, hatte schon nach sieben Stück genug. Die hatten ihr allerdings auch gut gefallen, immer wenn es so laut krachte, sprang sie vor Freude in die Luft und klatschte mit den Händen. Seine Mutter hatte Recht gehabt, es machte einfach riesigen Spaß, das Verschenken. Und jetzt hatte sie ja praktisch noch drei Türme gut, na ja, vielleicht würde er beim nächsten Besuch auch mehr bauen, nur heute nicht.

„Du kannst Dich wohl nicht entscheiden, was Du machen willst", meinte Svenja. „Ja", gab Alexander kleinlaut zu, „kannst Du mir nicht eine Geschichte erzählen?" „In Ordnung", sagte Svenja, „aber nicht ich, lassen wir doch das Milchkännchen erzählen." „Das Milchkännchen?" fragte Alexander ungläubig, „seit wann können Milchkännchen sprechen? Und außerdem haben wir es doch gerade leer gemacht." „Du hast recht", lachte Svenja, „natürlich kann das Milchkännchen nicht selbst sprechen. Darum übernehme ich das." Jetzt war Alexander neugierig geworden. Er lehnte sich ein wenig zurück und schloss die Augen. Ja, das hatte er vom kleinen Mann von nebenan gelernt, dass man Geschichten, die man erzählt oder vorgelesen bekommt, besser hören und sehen kann, wenn man die Augen zumacht.

Svenja sprach also für das Milchkännchen: „Ich bin froh, dass ich schon so lange bei Euch bin. Jeden Tag holt ihr mich aus dem Schrank und füllt mich mit frischer Milch, und ich darf sie eingießen in Eure Tassen oder Becher. Vielleicht denkt Ihr, dass ich ein langweiliges

Leben habe, aber das stimmt nicht, denn ich nehme teil an Eurem Leben.

Lange Zeit sieht es so aus, als ob ich nichts tue. Ich stehe nur da und warte auf meinen Einsatz und dann, wenn ich berührt werde, schenke ich Euch meine Milch, so viel wie Ihr wollt, sogar bis auf den letzten Tropfen, so wie heute.

Ich muss zugeben, das war am Anfang nicht leicht, ich habe lange gebraucht, um das zu lernen. Am Anfang hatte ich kein Vertrauen, ich dachte, wenn ich einmal leer bin, bin ich kein Milchkännchen mehr und stehe nutzlos herum. Und darum war ich sehr traurig, als ich zum ersten Mal leer wurde. Ich hatte Angst und dachte, was kommt jetzt? Ich wartete. Was sollte ich machen? Ich stand da, so offen, wie ich nun mal bin. Und dann geschah es endlich: Neue Milch wurde eingegossen. Endlich hatte ich wieder meine Aufgabe. Kurz darauf wurde ich wieder berührt von Dir, Alexander, ich konnte Dir Milch für einen Kakao schenken und für Svenja Milch in den Kaffee. Und dann war da noch immer Milch in mir drin, zum Glück. Diesen Rest wollte ich auf keinen Fall hergeben. Und ich wartete. Aber keine neue Milch kam. Erst als ich den letzten Rest verschenkt hatte, da wurde ich ausgespült, und neue Milch kam in mich rein. Schon konnte es von neuem losgehen mit dem Ausgießen. Ja, jetzt habe ich es gelernt, das, was die Menschen Vertrauen nennen. Jetzt weiß ich, immer, wenn ich alles verschenkt habe, wenn ich berührt werde, dann kommt Neues zum Verschenken."

Svenjas Geschichte vom Milchkännchen war zu Ende. „Ich glaube, manche Menschen können von unserem Milchkännchen etwas lernen." meinte sie.
„Meinst Du Menschen haben auch Angst, dass sie leer werden, wenn sie alles verschenken?" fragte Alexander. „Ja, sie haben wenig

Vertrauen und vergessen, sich für das Neue zu öffnen", ergänzte Svenja.

„Dann will ich, dass alle Menschen so werden wie unser Milchkännchen", sagte Alexander. „Ist doch ganz einfach."

Der kleine Mann hat Geburtstag

Alexander traf auf seinem Rückweg vom Kindergarten endlich mal wieder den kleinen Mann von nebenan. Ja, Alexander freute sich immer, wenn er ihn traf. Er war immer so freundlich. Und seit er mit ihm auf dem alten Sofa an der Straße gesessen hatte, kam es ihm vor, als hätte er einen großen Freund gefunden in dem kleinen Mann. Er fegte, wie so oft, nicht nur vor seinem Haus, sondern auch vor den Nachbarhäusern. Heute sah er aber nicht so fröhlich aus wie sonst, Alexander merkte das sofort.

„Tut Dir was weh?" fragte er ihn. „Nein, nicht wirklich", wehrte der kleine Mann ab, „jedenfalls nicht äußerlich, mehr so drinnen, weißt Du?" „Warum denn?" Alexander wollte es mal wieder ganz genau wissen. „Ja, weißt Du, morgen habe ich Geburtstag. Da werde ich 63 Jahre alt, und ich würde mich riesig freuen, wenn wenigstens ein paar Leute kämen, um mir zu gratulieren. Ich wohne ja erst seit kurzer Zeit hier, und ich kenne noch so wenig Leute." „Dann feierst Du eben mit Leuten, die Du nicht kennst", Alexander hatte sofort eine Lösung und erzählte dem kleinen Mann von seiner Geburtstagsfeier.

„Das war sicher schön", antwortete der kleine Mann, „aber so etwas ist nichts für mich, weißt Du, ich will gar keine Feier mit Sackhüpfen und Topfschlagen und großem Essen. Meine Wohnung ist auch viel zu klein, und viel Geld habe ich auch nicht. Nein, es wäre einfach nur schön, wenn mir ein paar Leute gratulieren und sich einfach nur träfen." „Gut", sagte Alexander, „wenn das alles ist, dann komm doch morgen um drei mal raus, ich bin jedenfalls da, um Dir zu gratulieren, weil Du immer so nett bist, okay?" „Okay", sagte der kleine Mann und sah schon wieder richtig freundlich aus, so wie sonst.

Alexander ging nachdenklich nach Hause und erzählte auch gleich seiner Mutter davon. „Das muss doch zu schaffen sein, dem kleinen

Mann eine Freude zu machen", meinte Svenja, „ich bin jedenfalls dabei und vielleicht, ja vielleicht kommen noch ein paar Nachbarn mit, und Du kannst im Kindergarten fragen und….". Svenja war kaum zu bremsen. Sie mochte den kleinen Mann auch gut leiden, das wusste Alexander.

Das Mittagessen aß Alexander heute besonders schnell. Dann sauste er los, zu all seinen Freunden. Und er schaffte es. Wenigstens ein paar wollten vorbeikommen, einfach so, ohne Geschenk und ohne Feier, einfach weil der kleine Mann so nett war. Am nächsten Morgen fragte Alexander auch noch im Kindergarten, und da sagten auch noch ein paar Kinder zu, aber Dunja nicht, die war krank.

Endlich war es drei Uhr, Alexander und Svenja gingen hinaus auf die Straße vor das Nachbarhaus, in dem der kleine Mann wohnte. Da kamen auch die anderen, die Freunde und Nachbarn, sogar ein Autofahrer hielt an und fragte, was hier los sei. „Der kleine Mann hat Geburtstag", beeilte sich Svenja, ihm zu erklären. „Wir wollen ihm gratulieren, kommen Sie, machen Sie mit.!" Verdutzt stieg der Mann aus und reihte sich ein. Dann waren alle bereit, dem kleinen Mann zu gratulieren. Alexander klingelte bei ihm, und kurz darauf kam er zur Haustür heraus, der kleine Mann. Da staunte er, dass so viele Leute gekommen waren…… Svenja stellte ihm schnell den leeren Kakaokasten, der noch vor seiner Haustür stand, in die Mitte. Der kleine Mann kletterte darauf, so konnte er alle besser sehen. Ein bisschen verlegen wirkte er, doch alle konnten ihn sehen. Er freute sich riesig. Da legte er plötzlich seine Hände zusammen, und alle verstanden ihn, fassten sich an den Händen und schauten ihn an.

„Danke, danke, dass Ihr alle gekommen seid, das ist die größte Freude für mich. Ich will Euch ein Geheimnis verraten. Ich habe noch ein paar Blumenzwiebeln übrig, so dass jeder von Euch eine mit nach Hause nehmen kann, das ist mein kleines Geschenk an Euch. Und was das Pflanzen betrifft, so wisst Ihr ja, das ist ganz einfach. Macht es so bald wie möglich: Hinknien, einen Platz für das Geschenk

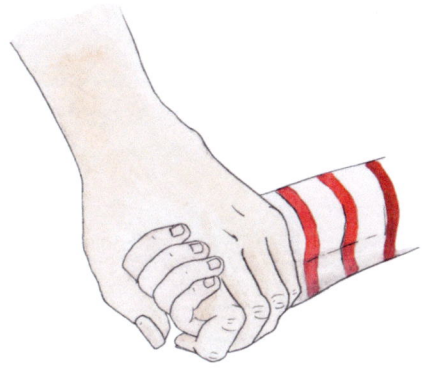

schaffen, das Ihr bekommen habt, danken, es loslassen und einpflanzen, und alles Weitere der Natur überlassen. So liegt es in Euren Händen, diese Welt ein klein wenig mehr zum Blühen zu bringen.

Und wenn ich Euch alle so anschaue, wie Ihr dasteht und einander die Hände reicht, so wird mir ganz warm ums Herz, und ich bekomme wieder Hoffnung für den Frieden in der Welt. So heißt auch mein neues Lieblingslied, ich habe den Text und die Noten gerade zu Weihnachten bekommen, lasst es uns zusammen singen."

Der kleine Mann stimmte es an. „Peace on earth", Frieden auf Erden,

und alle sangen mit. Nach dem Lied schauten alle noch lange den kleinen Mann an. Stumm verteilte er seine Tulpenzwiebeln. Mit leuchtenden Augen verabschiedeten sich die Gratulanten. Der kleine Mann hatte mit einfachen Mitteln ihre Herzen erreicht.

Der Glückskeks

„Ich hab Dir was mitgebracht", verriet Dunja geheimnisvoll. Alexander schaute sie erwartungsvoll an. Wie so oft hatten sie sich an der Garderobe im Kindergarten getroffen, und Alexander hatte seine Jacke schon aufgehängt, an dem Haken mit dem Papagei. Das war seiner. Dunja hatte einen Lebkuchen an ihrem Haken.

Dunja öffnete langsam ihre Kindergartentasche und zog einen Keks hervor, er war in einer durchsichtigen Plastiktüte verpackt. „Einen Keks?" wunderte sich Alexander, „da ist ja keine Schokolade dran. Zu

Hause haben wir Schokoladenkekse, die mag ich am liebsten." „Das ist kein normaler Keks", beeilte sich Dunja mit einer Erklärung, „das ist ein Glückskeks, so stand das auf der Packung, die meine Mama aus dem großen Kaufhaus aus der Stadt mitgebracht hat. Glück zum Essen, ist doch praktisch oder? Aber verrat es keinem, das ist unser Geheimnis, okay?" Alexander staunte. „Okay", sagte er schnell. Das musste er unbedingt ausprobieren, doch jetzt war keine Gelegenheit, sie mussten beide in den Gruppenraum. Alexander steckte den Keks schnell in seine Jackentasche. Mit allen Kindern wollte er ihn nun nicht gerade teilen. Dann wirkte er bestimmt nicht.

Auf dem Weg nach Hause hatte Alexander den Glückskeks fast vergessen. Erst als er in seine Jackentasche fasste, fiel er ihm wieder ein. Wann sollte er ihn bloß essen? Vielleicht noch vor dem Mittagessen in seinem Zimmer?
Zu Hause angekommen sah er, dass Svenja Blumenkohl gekocht hatte, den mochte er nicht so gerne. Er überlegte, wenn er vor dem Blumenkohl nun den Glückskeks essen würde, dann wäre er

plötzlich beim Mittagessen ganz glücklich. Nein das ging nicht. Dann würde Svenja noch ganz oft Blumenkohl kochen. Also besser danach. Für den Nachmittag war Alexander beim kleinen Mann von nebenan eingeladen. Svenja gab ihm eine Schachtel mit den leckeren Schokoladenkeksen mit.

Gutgelaunt ging Alexander am Nachmittag zum kleinen Mann. Er hatte ihn vor ein paar Tagen mal wieder auf der Straße getroffen, und da hatte er Alexander eingeladen, um ihm auch mal sein Lieblingsbuch zu zeigen. Er klingelte und der kleine Mann machte auch sogleich die Tür auf. „Schön, dass Du da bist, ich koche uns erst mal einen süßen Tee, okay?" Alexander war einverstanden. „Ich habe leckere Kekse dazu mitgebracht", sagte er, und überreichte sie dem kleinen Mann. „Hm, die sehen ja wirklich lecker aus, mit Schokolade dran", freute sich der kleine Mann, und er legte sie auf einen schönen bunten Teller, den er auf den Tisch stellte. Und Alexander dachte wieder an den Glückskeks.

Da hatte er eine gute Idee, er würde einfach den Glückskeks auf den Teller zu den anderen Keksen legen, wenn der kleine Mann ihn aß, dann würde Alexander ja sehen, wie er plötzlich ganz glücklich würde. Als der kleine Mann in der Küche war, um Tee zu kochen, ergab sich die Gelegenheit. Alexander huschte in den Flur, nahm den Glückskeks aus seiner Jackentasche, packte ihn schnell aus und mischte ihn unter die anderen Kekse. Der kleine Mann hatte nichts gemerkt. Zum Tee durfte Alexander auf dem bunten Sessel sitzen, dem Lieblingsplatz des kleinen Mannes. Der kleine Mann setzte sich auf einen Stuhl neben ihm. Einträchtig begannen sie, Schokoladenkekse zu knabbern und Tee zu trinken. Der kleine Mann erzählte von seinen Abenteuern, überall Blumenzwiebeln zu pflanzen, und Alexander erzählte von großen Türmen, die er für Svens kleine Schwester gebaut hatte.

Endlich holte der kleine Mann sein Lieblingsbuch, Alexander war schon ganz gespannt, wie mochte es wohl aussehen, das Lieblingsbuch des kleinen Mannes? Es war ein großes Buch mit ganz vielen Bildern von großen und kleinen Schiffen. Sie blätterten es zusammen langsam durch, denn fast zu jedem Bild hatte der kleine Mann eine Geschichte zu erzählen. Mit einigen Schiffen war er sogar schon einmal selbst über das große Meer gefahren und in ferne Länder gereist. Alexander hörte aufmerksam zu und staunte. Was der kleine Mann so alles erlebt hatte, und wie andere Menschen in anderen Ländern lebten, sogar braune Menschen und Männer mit langen schwarzen Zöpfen hatte der kleine Mann schon gesehen. Von Häusern, die so groß waren, dass sie fast an den Wolken anstießen, erzählte der kleine Mann. Alexander staunte, in Gedanken reiste er mit dem kleinen Mann in ferne Länder und hatte ganz vergessen, wo er war.

Plötzlich hörte er die Kirchenglocke läuten. Er zählte mit. Sechs mal läutete sie. Da musste er nach Hause, das hatte er seiner Mutter zugesagt.
Alexander schaute auf den Teller mit den Keksen, der Glückskeks war weg. Wer hatte ihn nur gegessen? Der kleine Mann hatte so schön erzählt, dass sie gar nicht gemerkt hatten, wer ihn gegessen hatte. Alexander bedankte sich bei dem kleinen Mann und ging nach Hause.

Zu Hause fragte er Svenja: "Sag mal, Mama, kann man Glück eigentlich essen?" „Glück essen?" lachte Svenja. „Nein, das geht nun wirklich nicht."
„Was ist überhaupt Glück?" wollte Alexander wissen. „Gut", sagte

Svenja, „ich will versuchen, es Dir zu erklären. Glück ist ein Zustand, von dem wir hinterher gar nicht so genau wissen, wie lange er gedauert hat. Das liegt daran, dass wir die Zeit dabei völlig vergessen. Es ist ein Zustand, in dem wir uns mit allem und jedem verbunden fühlen und darüber unendliche Freude empfinden. Weißt Du, es ist so, als ob alle Grenzen weg wären, die äußeren und die inneren. Wie war es denn heute bei unserem Nachbarn?"

Alexander dachte einen Moment nach: „Ich glaube, da war Glück, heute Nachmittag, jedenfalls irgendeine Zeit lang." Er strahlte, als er an das schöne Buch und die ganzen Geschichten dachte. „Ja, Du siehst so aus", freute sich Svenja.

Am nächsten Morgen berichtete Dunja: „Also bei mir haben die Glückskekse überhaupt nicht gewirkt, bei meiner ganzen Familie nicht, und bei Dir?" „Vielleicht doch", antwortete Alexander geheimnisvoll "obwohl ich inzwischen weiß, dass man Glück nicht essen kann."

Gedanken sind wie wilde Pferde

Alexander langweilte sich. Dabei hatte es zum Mittagessen die ganz langen Spaghettis gegeben, die er doch so gerne mochte. Aber irgendwie konnten die heute seine Laune nicht verbessern. „Keiner hat Zeit heute", beklagte er sich bei Svenja, „kannst Du was mit mir spielen?" „Ich will heute einen Brief schreiben an Onkel Wolodimir", antwortete seine Mutter. „Du musst Dir schon selbst überlegen, was Du tun willst." „Das ist es ja gerade, mir fällt nichts ein und überhaupt, alleine will ich nicht spielen", maulte Alexander.

„Also gut, lenkte Svenja ein, „reden wir darüber. Du hast also Zeit." „Ja, klar doch", sagte Alexander. „Das ist ja schon mal was, einfach Zeit zu haben, ich meine, eigentlich hat ja jeder Mensch Zeit, nur viele Menschen haben so viele Pläne, dass sie sich dessen gar nicht mehr bewusst sind. Zeit also, und willst Du diese Zeit verschenken oder für Dich nutzen? „Heute will ich sie mal nur für mich haben", antwortete Alexander. „Gut" sagte Svenja, „das ist Deine Entscheidung. Willst Du sie in der Äußeren Welt oder in der Inneren Welt verbringen?" Das hatte Alexander mal wieder glatt vergessen, die Möglichkeit der Inneren Welt. Dann probier ich`s mit der Inneren Welt, okay."

Seine Stimmung verbesserte sich, mal sehn, was es da heute zu entdecken gab. Er ging in sein Kinderzimmer und setzte sich hin. „Ich komme in 20 Minuten wieder rein", sagte Svenja, „dann können wir darüber sprechen, „solange brauche ich noch für meinen Brief." Svenja gab ihm die Ohrenschützer, damit er wirklich nichts mehr von der Äußeren Welt hörte und verband ihm die Augen. Dann begab sie sich wieder zu ihrem Brief.

Alexander wartete. Seine Gedanken flitzten zum Kindergarten, und er schaute sich alles noch einmal an, was er heute erlebt hatte. Dunja hatte eine Hand bunt angemalt. Er lächelte, als er daran dachte, was wohl ihre Mutter dazu sagen würde. Verschiedene Spiele vom Vormittag fielen ihm ein, doch damit wollte er sich nun nicht länger beschäftigen. Was gab es denn eigentlich noch zu entdecken in der Inneren Welt? Warum ging Svenja eigentlich jeden Tag da hinein? 20 Minuten waren sehr lang.

Endlich kam seine Mutter herein, nahm ihm die Augenbinde ab und die Ohrenschützer. „Gut, dass ich jetzt wieder sehen und hören kann", meinte er. „Ja, jetzt weißt Du das wieder neu zu schätzen, nicht wahr?" „Ich habe fast die ganze Zeit an heute morgen gedacht", antwortete Alexander.
„Ja, die Gedanken sind wie wilde Pferde", meinte Svenja. „Wie, was?" staunte Alexander. „Wieso wilde Pferde?" „Sie galoppieren so schnell, dass man sie kaum einfangen kann", erklärte Svenja. „Schau mal, so." Svenja nahm ein Spielzeugpferd aus Alexanders Spielkiste und ließ es über den Fußboden sausen. „Da kommst Du kaum hinterher, nicht wahr?" Alexander hatte echt Mühe, sein Pferd wieder einzufangen. Schließlich warf Svenja es ihm in die Arme. Jetzt hielt er es ganz fest. „So ist das mit unseren Gedanken, wenn

wir versuchen, in die Innere Welt zu gehen", sagte Svenja. „Sie laufen uns davon, und wir müssen zuerst mal lernen, sie festzuhalten, genau wie Du es jetzt mit dem Pferd machst." Alexander hielt sein Pferd jetzt fest vor die Brust gepresst. „Ja, genauso musst Du lernen, Dein Denken festzuhalten", ermunterte ihn Svenja, „von allen Seiten, verstehst Du?" „Von allen Seiten mein Denken festhalten? Wie soll das denn gehen?" Alexander verstand nichts mehr.

„Das ist ganz einfach", erklärte Svenja. „Es ist die erste Übung in der Inneren Welt. Du nimmst Dir einen Gegenstand vor und denkst nur daran, so dass Dein Denken nicht weglaufen kann. Ich nehme z.B. gerade die goldene Kugel, die mir Tante Nadja zu Weihnachten geschenkt hat. Wenn ich also in die Innere Welt gehe, denke ich an die goldene Kugel, nur daran, und sonst an nichts, also Kugel, golden. Damit ist mein Denken eingefangen und kann nicht mehr weglaufen wie das Pferd gerade. Es ist so, als ob ich das Pferd gezähmt hätte. Weißt Du jetzt, was ich meine?" Alexander nickte langsam. „Erst wenn wir das Denken festhalten können, können wir es auch loslassen", ergänzte Svenja. Alexander ließ das Pferd auf den Boden sinken. „Ja, genau so, und dann beginnen wir, die Innere Welt zu erleben."

„Also das Denken von allen Seiten festhalten und dann loslassen" wiederholte Alexander. „Hört sich schwierig an." „Ist es aber nicht. Kinder können es oft besser als Erwachsene. Versuche es einfach wieder mal, wenn Du magst." „Okay, wenn Du mir die goldene Kugel leihst, damit will ich es auch mal probieren. Aber für heute habe ich genug von der Inneren Welt. Jetzt will ich lieber meine Zeit verschenken. Ich geh mal raus und gucke, ob ich den kleinen Mann von nebenan treffe. Vielleicht hat er Arbeit für mich. Ich will nämlich lernen, wie man Tulpenzwiebeln pflanzt."

„Einverstanden", lachte Svenja und legte das Pferd wieder in die Spielzeugkiste.

Die blaue Lok ist die faltige Frau

„Meine Güte, das waren Falten, so und so und so." Alexander malte mit dem Zeigefinger Striche in die Luft. „Wo waren so viele Falten?" Svenja wusste nicht, was ihr Sohn meinte. „Na, bei der alten Frau, die ich gerade beim Bäcker getroffen habe", antwortete Alexander.

Er war, wie immer am Samstagmorgen, alleine zum Bäcker gegangen. Die Kekse waren alle, und so durfte er nicht nur Brot, sondern auch neue Kekse kaufen, die mit der Schokolade dran natürlich, die leckeren. „Die Frau habe ich noch nie gesehen, und überhaupt, so viele Falten auch noch nie. Warum hat sie die?" „Bestimmt ist sie schon sehr alt", versuchte Svenja es ihm zu erklären. „Alte Menschen haben in ihrem Leben schon viele Erfahrungen gemacht, gute und weniger gute und die hinterlassen Spuren, manchmal mehr innen und manchmal mehr außen, da kann man sie sehen, wie die Falten." „Und die mehr innen?" fragte Alexander weiter. „Das spürst Du schon am Verhalten eines Menschen, da gibt es weiche und harte Spuren. Ach, von wegen Spuren, wolltest Du nicht heute die Holzeisenbahn aufbauen, die Sven Dir geliehen hat?"

Die hatte Alexander glatt vergessen bei all dem Gerede über Falten und so. Gestern hatte Sven sie ihm geliehen, seine Holzeisenbahn mit ganz vielen Schienen und drei Loks. Ja, die wollte er unbedingt aufbauen, Montag wollte Sven sie schon wieder abholen, weil er da zurück war von einem Wochenende bei seiner Oma.

Vier Kisten voller Schienen standen im Flur. Oh je, da musste er ja erst noch sein Zimmer aufräumen, sonst hatte er gar keinen Platz. Das ging heute besonders schnell, da er auch rasant die Eisenbahn aufbauen wollte. Aber schon bald wusste er nicht mehr weiter. Wie musste er wohl die Weichen einbauen, damit die Loks auch in jedem Kreis fahren konnten?

Zum Glück hatte Svenja Zeit, ihm zu helfen. Schon bald entstand eine riesige Bahn mit vielen verschiedenen Kreisen und Schleifen. Endlich war es soweit. Alexander setzte die erste strahlend rote Lok auf die Schienen und ließ sie fahren. „Die Lok bin ich" rief er.„Spiel Du doch auch eine Lok". „Gut", Svenja spielte mit. „Ich bin die grüne. Und was machen wir mit der hier, mit der blauen? Da blättert ja schon die Farbe ab." „Ich hab eine Idee", meinte Alexander. „Die blaue Lok ist die faltige Frau, Du weißt schon, von heute morgen beim Bäcker." „Gut", Svenja war einverstanden, „dann fahren jetzt alle los."

„Die rote fährt am schnellsten", beeilte sich Alexander. „Ich kann

ja auch am schnellsten laufen". „Und die blaue, von der alten Frau fährt am langsamsten", sagte Svenja, „sie läuft ja auch bestimmt nicht mehr so schnell. Aber hier sind ja noch eine Menge Wagen, die können wir noch an die Loks dranhängen." „Aber bei mir höchstens einen", warf Alexander ein, „sonst bin ich nicht mehr so schnell." „Gut, ich nehme drei. Die anderen hängen wir bei der faltigen Frau an, einverstanden?" „Klar, die ist ja sowieso so langsam", antwortete Alexander.

So ließen sie nun alle drei Züge fahren. Alexanders Zug fuhr am schnellsten, und der Zug mit der blauen Lok, die die faltige Frau war, am langsamsten. „Wie im richtigen Leben sieht das aus. „Jeder bewegt sich in seinem eigenen Tempo", meinte Svenja. „Naja, Tempo ist das ja nicht gerade bei der blauen Lok", warf Alexander ein. „Aber sie hat die meisten Wagen, sicher hat sie in ihrem Leben eine Menge Schätze angesammelt." „Aber man kann ja gar nicht reingucken in die Wagen", maulte Alexander, „woher willst Du wissen, ob es Schätze sind?"

„Schätze liegen immer im Verborgenen. Das weißt Du doch, die muss man immer suchen und finden", erklärte Svenja. „Und wie mach ich das, in echt meine ich, zum Beispiel bei der faltigen Frau. Wie soll ich wissen, ob sie Schätze hat, wie Du sagst?" „Ich meine die inneren Schätze", antwortete Svenja, „und die zu entdecken ist nicht schwer, sie funkeln durch die Augen nach außen, das kannst Du sehen. Wie war das denn heute Morgen, hatte die faltige Frau strahlende, funkelnde Augen?"

„Darauf habe ich nicht geachtet", musste Alexander zugeben. „Aber wenn ich sie wieder treffe, dann schaue ich genau hin. Dann lade ich sie ein, und dann erzähle ich ihr, dass sie heute unsere blaue Lok war, und dann will ich ihre Schätze entdecken und Du hilfst mir, okay?" „Okay", lachte Svenja. „Ich freue mich drauf, sie kennen zu lernen."